浩说新三板

新三板法律问题解析

李浩／主编

北京时代华文书局

图书在版编目（CIP）数据

浩说新三板：新三板法律问题解析 / 李浩主编 . —北京 ： 北京时代华文书局，2017.1
ISBN 978-7-5699-1317-0

Ⅰ．①浩… Ⅱ．①李… Ⅲ．①中小企业－上市公司－公司法－研究－中国
Ⅳ．① D922.291.914

中国版本图书馆 CIP 数据核字（2016）第 298546 号

浩说新三板：新三板法律问题解析

Hao Shuo Xin-san-ban : Xin-san-ban Falü Wenti Jiexi

主　　编｜李　浩

出 版 人｜王训海
选题策划｜孙晓亮
责任编辑｜李　强　余荣才
装帧设计｜孙丽莉　赵芝英
责任印制｜刘　银

出版发行｜北京时代华文书局 http://www.bjsdsj.com.cn
　　　　　北京市东城区安定门外大街 136 号皇城国际大厦 A 座 8 楼
　　　　　邮编：100011　电话：010-64267955　64267677
印　　刷｜河北鹏润印刷有限公司　0317-5196862
　　　　　（如发现印装质量问题，请与印刷厂联系调换）
开　　本｜710mm×1000mm　1/16　印　张｜16　字　数｜177 千字
版　　次｜2017 年 2 月第 1 版　印　次｜2017 年 2 月第 1 次印刷
书　　号｜ISBN 978-7-5699-1317-0
定　　价｜58.00 元

本书编委会名单

序

新三板——中小企业腾飞之翼

科技创新与资本市场双轮驱动中国崛起，资本市场是科技之母，资本市场是科技创新的驱动，只有资本市场的发展才能让中国人在35年的改革成功之后登上我们再赢30年的战略制高点，走上幸福之路。

2013年5月份习主席提出新常态后，我们看到今天一系列的变化，特别是资本市场，包括我们经营创新、大众创业一系列克强总理的举措，全都充分表明了新常态不是简单词汇，而是以深化改革为基础，以深化改革引领新常态。

新三板市场是中国改革的重要市场，作为创新型企业的孵化器，过去被交易所垄断，效益、公平都出了问题，所以三板的杀出，一方面对国家资本市场体制改革，开创三足鼎立新局面，毕竟三条腿桌子比两条腿板凳要稳。

从目前新三板的发展态势看，较低的准入门槛使其具备了极大的包容性，一定程度上决定了其更适宜向综合性资本市场的方向发展。另外，新三板市场已经逐步处于中国资本市场的中心，内部分层成为必然趋势，逐步形成对中小企业的定价机制，一旦形成深沪交易模式，将进一步引领中国资本市场改革，在美国的纳斯达克就诞生了像微软这样的企业。当年新三板开设时试图办成小学，但是三板人不甘心当小学生，目前已经逐步形成气候。

发展多层次资本市场体系，是协调整个金融市场体系、顺应市场发展要求的基石，是世界各国资本市场步入高级阶段的共同特征。恰逢其时，李浩小友的《浩说新三板》系列图书出版，希望能给中国中小企业登录新三板之路一些指引。

科技创新和资本市场大发展是大国崛起必有的两个两轮驱动，而新三板将成为科技创新和资本市场最有力的支撑点，通过逐步完善属于自己的企业准入、孵化、培育、发展壮大模式，具备自成一体的市场功能，来成为中国未来的纳斯达克。

《孟子》上讲"虽有智慧，不如乘势"。现在的新三板就是大势，真正的企业家、投行家，一定是乘国势而起，与大国同梦，这就是所谓的乘势而起。中国大时代已经起航，有来自新三板的力量！

是为序！

中国政法大学资本金融研究院院长

前　言

2016年新三板市场实现加速扩容，截止目前挂牌企业数量已经超过一万家，2017年，新三板必将迎来新的发展阶段。作为中国多层次资本市场的枢纽，新三板市场可以与交易所市场和区域性股权转让市场衔接，将打通中国多层次资本市场，加速中国资本市场改革进程。

新三板的吸引力还在于对企业利润没有限制门槛、申报流程短、融资方式灵活，而且估值较高。按照新三板的标准，即便是企业亏损，也是可以上市的，因为新三板更看重企业的未来。新三板的出现，已经对固有的股票交易市场格局造成冲击，不仅拓宽了企业的直接融资渠道，还有利于完善企业的资本结构，增强企业的发展后劲。

中小企业在新三板挂牌将产生多重效应。首先，挂牌之后公司可以有效提升融资功能，助推挂牌公司快速发展。其次，企业通过定向增发实现融资，同时挂牌企业在银行授信额度、股权质押方面也会有一些配套优惠政策。

中国需要市场重构的经济主体。在国家政策的大力扶持下，依托"大众创业、万众创新"的时代背景，随着市场规模的日益壮大，未来新三板将成为中国资本市场的主体，重构中国经济秩序，开创中国在世界商业格局中的新生态，引领世界经济高速发展。

本书共分为8部分，力求为企业家提供最详细、最全面的新三板法律分析和解读，以最接地气的方式进行归纳和提炼，让对新三板不甚了解的企业家同样能够读懂，进而快速解决新三板挂牌前后遇到的法律问题，希望对广大企业家们有所帮助。书中难免有所瑕疵，也欢迎各位市场人士批评指正。

目录
CONTENTS

第一章

律师在新三板市场中的重要作用

第一节　新三板发展历程

在国家将"大众创业、万众创新"上升为国家战略的时代背景下，新三板成为企业创始人和风险投资人口中最热门的话题。随着市场迅速扩大，新三板将成为中国资本市场的中心，引领中国资本市场的发展。

一、新三板概念解析

新三板即"全国中小企业股份转让系统"，它是一个全国性的交易证券的场所，依据《证券法》并经国务院审核批准设立的，主要是为创新、创业、成长型等中小企业提供股份流动、并购重组和直接融资服务。新三板能够为这些有巨大成长空间，但规模小，生存环境差的中小型企业创造通往资本市场的快捷通道。

新三板市场以信息披露为核心，有利于提高市场的公平性和透明度，完善市场价格发现功能。这是区别于A股市场的地方，也是新三板能得到快速发展的独特优势。从实质上看，新三板与主板一样的地方在于，凡是符合条件的企业均可在新三板市场挂牌，挂牌企业被纳入非上市公众公司范畴。

新三板挂牌费用只需200万左右，上市时间只需3到6个月。可见，与主板相比，新三板突出优势在于上市门槛低。无论是地域和行业，还是财务指标要求，新三板都没有太高的要求，甚至有些处于亏损状态的企业仍可申请挂牌新三板。

门槛低不代表毫无要求。新三板挂牌企业仍需满足有合法主营业务以及持续经营能力、企业治理结构健全，运作合法规范、业务明确并遵循信息披露义务等方面的要求。

很多企业选择挂牌新三板的考虑因素在于新三板融资方式"快速、小额、灵活"。企业成功挂牌后，可采取多种融资方式，比如股权质押、私募债、优先股等。另外，行政审批高度简化也是其独特优势。在并购重组方面，证监会最大程度地减少了行政审批，使挂牌流程更顺畅。对于新三板拟挂牌和已经挂牌的企业来说，如果股东人数不超过200人，证监会一般会将其完全交由市场进行审核，豁免行政许可。

2015年9月1日起，《场外证券业务备案管理办法》正式实施。办法里规定，在沪、深证券交易所、期货交易所以及全国中小企业股份转让系统以外开展的证券业务即场外证券业务。场外证券业务的明确代表着"新三板"告别场外市场身份的开始，中小挂牌企业从此之后等同于上海、深圳两市的上市企业。

2006年新三板诞生，在至2011年的初始五年里，新三板每年的挂牌企业数量增长缓慢，据有关数据统计分别为10、14、17、18、17家。2012年，新三板企业挂牌数量有所增长，达到了105家。从2013年开始，新三板挂牌企业新增数量大幅提升，快速达到356家。2014年新三板全面扩容之后，新增挂牌数为1232家。2015年新三板新增挂牌企业达3557家，挂牌公司数量达到5126家，实现了爆发式增长。2016年开始，新三板实施分层制度。截止2016年12月19日，新三板成为中国最大的资本市场板块，挂牌企业数量已超过1万家，远远超过A股市场。

新三板的推出与发展，对于我国资本市场的建设和发展起到了推动和加速作用。目前，我国多层次的资本市场已经形成，主板、中小板、创业板、新三板在不同层次市场发挥着各自的作用。

二、新三板的由来

1990年，中国第一家证券交易所诞生。随着资本市场的发展，中国证券市场呈现"两所两网"的局面。"两所"即沪、深两大交易所，"两网"即STAQ、NET两个法人股市场。1992年7月和1993年4月，STAQ、NET两系统先后成立。成立之初是为了解决非上市公司的股权转让等问题，在随后几年里，法人股个人化较为严重的现象促使了市场交易的日益惨淡，1999年，STAQ、NET两系统宣布关闭。

在2001年，由国家证券业协会牵头,部分证券公司设立了代理股份转让系统，即"三板"。成立目的是为解决市场的退市公司与个别已经停止交易的法人股市场公司的股份转让问题，但"三板"中挂牌股票品种少、质量低、转到主板上市难度大,因此多年经营惨淡。

2006年1月16日，在经国务院批准，证监会批复的情况下，中关村正式推出代办股份转让试点，即中国第三家证券交易市场"新三板"正式成立。新三板包括两网股、退市股、中关村科技园区非上市股份有限公司股份报价转让等，它的出现标志着中国资本市场进入了崭新的历史阶段。

三、企业挂牌的好处

（一）融资渠道得以扩宽

企业在新三板挂牌后，总收入规模有限的轻资产行业或者亏损企业的融资便捷性更为明显，主要表现为这些企业能够通过银行得到股权质押贷款，并且可以通过发售股份的方式换得现金流。非上市公司的股份有了新三板这样的市场提供规范有序的转让平台，股份的流动性得到极大提高，企业资产证券化，企业的抗风险能力和融资能力都得以提高，企业价值得到增加，资本结构得以完善，企业的发展活力和后劲得到很大幅度的增强。

（二）规范程度得以提升

由于挂牌新三板的多为中小企业，在管理公司、合同业务、税收财务等方面存在不同程度的不规范问题。在挂牌新三板的过程中，会计师事务所、证券商、律师事务所等专业中介机构的介入，可以帮助企业初步建立现代企业治理和管理机制。挂牌后，在证监会的监督和全国股份转让系统与券商的持续督导下，企业规范度得到有效提升。

（三）企业凝聚力得到增强

企业在挂牌后，估值水平会上升还可以公开转让，股权激励可以帮助企业更好的留住和吸引优质人才，从而大大增加了企业凝聚力。

（四）企业知名度得以扩大

在挂牌新三板的过程中，企业通过与政府的沟通交流，获得政府扶持的机会，从而更有利于公司的成长。不仅如此，新三板可以为私募股权投资者和企业创造接触机会，在一定程度上提高企业的议价能力。挂牌后，公司知名度能够得到一定程度的扩大，起到价格创造财富效应。

（五）为公司转板做准备

挂牌新三板，企业必须通过一套严格的程序。通过优质项目团队获得管理咨询服务，通过券商的人员网络物色到优秀管理人员，通过券商等中介机构的辅导来达到企业的财务管理、合规运营及内控能力的提升。

成功挂牌新三板的企业，当整体治理水平达到一定程度、能够满足转板条件时，可以进行转板。拿转板创业板举例，需要满足的股本条件为公司IPO（首次公开募股）后总股本不得少于3000万元，最低公众持股比例不低于公司已发行股本的20%。需要满足的财务条件为净资产在发行前已经不少于2000万元、最近一年盈利，净利润不少于500万元，最近一年的营业收入不少于5000万元。最近两年营业收入增长率均不低于30%、最近两年持续盈利，且净利润累计不低于1000万元，且持续增长。

目前，挂牌新三板企业要想转板必须先向证监会提交申请，证监会接受申请后，将企业在股转系统的交易暂停，然后新股发行核准获得证监会通过后，企业就可以从股转系统摘牌。而真正意义上的转板，市场普遍认为是不需要走IPO程序的，企业通过证监会公开转让股份审核之后可以直接A股上市。这一状态的实现，有待于监管部门的政策安排。

（六）企业挂牌新三板的弊端

1.监管增强，融资有限

企业挂牌新三板，就要进行信息披露工作，信息披露工作有助于企业提升形象、提高知名度。但是同时也意味着企业的监管增强，如果信息披露处理不好，那么企业很可能会面临一定的危机。就融资额来说，在主板和创业板上市的企业可以公开进行新股的发行，而企业挂牌新三板之能采取定向发行，相对来说融资额有限。

2.企业需要承受成本压力

企业挂牌新三板需要支付年费和中介费、合法的税务支出及持续督导的费用。年费在3万～10万之间，中介服务费用在160万～200万之间，虽然现在为了支持新三板发展，政府会承担一部分年费和中介费用，但是由于挂牌新三板数量的增加，很有可能出现补贴超预算后降低补贴的情况。对于挂牌后经营不善和融资不顺利的企业来说，上述持续成本都会对企业造成很大的压力。

3.控制权"流失"

挂牌新三板企业的股权可以进行拆细交易，这就使股权流动性得以增加，控制权流失的风险在无形之中增大。

第二节　律师的主要工作内容

一、适合挂牌新三板的企业

（一）创业初期企业

企业在创业初始阶段，规模一般都比较小，有些企业在产品研发上有所成果，也会因为资金有限而发展缓慢。创投资金的获取难度，使得企业在扩大生产规模、提高利润率等方面具有一定的难度。挂牌新三板后，企业可以通过这一平台展示自己的实力，扩大知名度，获得更多创投资金的关注度，同时可以通过定向增发的方式进行融资，将所融资金投入到企业的发展经营中，提高企业利润率，扩大企业经营规模。

（二）拟上市企业

这类企业往往具备一定的实力，经营规模达到一定水平，在预计两三年的时间里便可符合上市条件。通过在新三板的挂牌，企业在财务、业务及治理结构等方面都可以得到更规范的发展，可以起到熟悉并适应资本市场的作用。在转板机制日益成熟完善的情况下，企业有可能通过"绿色通道"实现转板。

（三）资金紧张，企业发展处于瓶颈期的企业

有些企业往往具备一定的生产规模，拥有一定的盈利能力，但是由于内部管理及资金紧张、研发实力等种种原因企业发展停滞不前，处于瓶颈阶段。通过挂牌新三板，企业可以通过定向增发进行融资，缓解资金紧张的问题，同时，新三板对挂牌企业的要求使企业的发展经营更加规范化，规模实现一定程度的扩大。

（四）需要提升公司品牌的公司

对于暂时不需要进行大额融资、只想提升公司品牌的公司，如果选择在创业板或主板进行IPO，就要发行10%或25%的社会公众股，造成资金闲置的同时，还要接受相关部门监管及舆论监督。挂牌新三板在不需要融资时可以采取存量挂牌，获得新三板其他功能，比如扩大知名度等。等公司需要融资的时候，再选择挂牌和定向发行进行融资。

二、律师在挂牌新三板之前的作用

（一）挂牌之前的尽职调查

依据《全国中小企业股份转让系统业务规则（试行）》规定的公司新三板挂牌的各项条件，律师需要在公司挂牌前，提前对企业进行调查，以判断企业是否符合相关法律法规，是否具备挂牌新三板资质。律师在对拟挂牌企业前期的调查中应注意的情况如下：

1.历史沿革

在历史沿革方面，律师需要注意核查的有股东出资是否符合法规，出资比例及方式是否符合《公司法》相关规定；公司在设立、出资、历次增资及股权转让方面是否合乎法规；公司是否存在以非货币形式出资的情况，在存在无形资产出资的情况下，需对无形资产的真实权利人进行核查，以及确认该无形资产是否涉嫌职务发明等；如存在国有股权转让的情况，就应遵守国有资产管理规定；如存在外商投资企业的股权转让应遵守商务部门的规定。

2.关联交易和同业竞争

在关联交易和同业竞争方面，律师应就公司的关联采购和关联销售的比例情况进行核查，核查控股股东是否存在侵占公司财产的情况及控股股东及其实际控制的经营性实体是否同公司构成同业竞争。

3.治理机制是否健全

对企业的治理机制是否健全进行核查，对治理机制的执行状况进行了解，以及调查企业管理人员和核心技术人员的守法、诚信状况。

4.独立性

公司的独立性体现在生产、机构、人员、财务等方面的独立。律师要重点核查的有：企业的研发机构、生产计划、销售流程是否相对独立完整；企业是否拥有独立的生产经营场所；财务人员、机构方面是否存在与股东或者股东实际控制的其他经营性主体存在混同的情况。

5.合法合规性进行调查

对公司是否存在重大的已决或未决的仲裁、行政处罚事项进行调查；公司在技术标准、税收、环保等方面是否符合法规。

企业的重大违反法规行为是指企业最近二年内因违法、违规、违反社会规章的行为，受到刑事处罚或适用重大违反法规情形的行政处罚。其中行政处罚是指经管部门对关系到违法违规的企业经营活动给予的处罚。重大违反法规情形是指，已经被行政处罚的实施机关，实施了没收违法所得和非法财物以上行政处罚的行为，属于重大违反法规情形，但处罚机关依法认定不属于的排除在外；被行政处罚的实施机关实施了罚款的行为，除处罚机关认定该行为不属于重大违法违规行为和主办券商和律师能依法说明的外，都视为重大违反法规情形。公司近二年内没有涉嫌犯罪被司法机关立案侦查，尚没有明确结论意见的情形。

（二）辅导股改

股改的辅导和律师的前期尽调工作有很密切的关系。一些公司的公司治理结构看似完善，但是只是形式上的，机构职责实际上却很难得到落实，在这种情况下，律师需要对公司进行辅导使之建立"三会一层"，并按照《非上市公众公司监督管理办法》《公司法》及《非上市公众公司监管指引第3号—章程必备条款》等规定建立公司治理制度。比如，公司创立大会召开前，律师需要协助公司进行筹备工作，并整理、制作创立大会所需法律文件，在创立大会召开时进行见证工作。公司股改之前需要进行股权激励、股权转让、增资等事项的，律师还需要负责相关法律文件和方案的制作。

同时，针对股改发现的法律问题，律师需要提出针对性的解决方案。在关联交易和同业竞争问题上，律师应协助公司进行相关实体的整合并制定切实的重整方案。

在此阶段，律师的工作内容包括根据目标公司的实际情况，确定股改的时间进度、制作相应的三会文件、制作三会中需要的目标公司的重要问题。

按照《公司法》有关规定，股份有限公司董事会的召开需要提前10天进行通知，有限责任公司临时股东会的召开需要提前15天进行通知（公司章程另有约定的除外）。同时，具体通知时间还需要结合资产评估部门的评估报告、目标公司股东和董事的实际情况、注册会计师的审计报告等因素来进行合理的时间安排。

律师需要为企业制定相应的三会文书以及为企业进行把关，以避免一些违反相应法律法规的问题出现。比如目标公司应同时发出临时股东会的通知和股东会的议案。股东会、主持、换届等问题要同时进行统筹考虑。

（三）股改后的继续尽职调查

股改完成之后，有些企业仍会存在一些不规范问题，比如关联方和关联交易、独立性等。这些问题需要律师通过勤勉尽责的态度发现，并且运用专业经验在复杂规则框架下提出合理建议。在坚持专业判断的同时，律师应注意和公司及中介机构的沟通技巧。

（四）出具法律意见书

律师在进行完上述工作后，应及时出具法律意见书。法律意见书是律师对企业合法性的确认、判断企业是否符合相关法律法规规定的挂牌新三板的条件、判断企业是否存在影响挂牌新三板的重大法律风险。

二、律师在公司成功挂牌新三板之后的作用

（一）日常法律顾问服务

提供日常的法律顾问服务，是律师在公司挂牌新三板之后的第一项任务。公司挂牌新三板成功，就属于资本市场运作的公众公司，日常生产经营管理必须公开透明且合乎规范。这就需要律师为公司提供日常性法律建议、为股东大会的召开及其他重大事项出具法律意见书等。

（二）专项法律服务

融资是公司挂牌新三板的重要目标。公司挂牌新三板后，通常采用定向增发、发行中小公司私募债的方式进行融资。无论哪种融资方式，都需要律师提供专业的法律服务，出具法律意见书。

（三）为公司转板提供法律服务

论融资功能，主板最强，创业板次之，新三板比较弱。很多新三板挂牌公司发展到一定规模，财务指标达到主板、创业板的条件后，就会转板到主板和创业板上市。为新三板挂牌公司提供法律服务的律师，对公司情况和资本市场的运行规则比较熟悉，在公司转板主板或创业板时，可争取为公司提供转板IPO法律服务的机会。

第二章

新三板挂牌条件的法律认定

《全国中小企业股份转让系统业务规则（试行）》第二章股票挂牌第2.1条规定，"股份有限公司申请股票在全国股份转让系统挂牌，不受股东所有制性质的限制，不限于高新技术企业，应当符合下列条件：

1.依法设立且存续两年，有限责任公司按原账面净资产值折股整体变更为股份有限公司的，存续时间可以从有限责任公司成立之日起计算；

2.业务明确，具有持续经营能力；

3.公司治理机制健全，合法规范经营；

4.股权明晰，股票发行和转让行为合法合规；

5.主办券商推荐并持续督导；

6.全国股份转让系统公司要求的其他条件。

本章为读者详细解读这六大挂牌条件。

第一节　依法设立且存续满两年

一、依法设立

依法设立，是指公司依据《公司法》等法律、法规及规章的规定向公司登记机关申请登记，并已取得《企业法人营业执照》。

（一）公司设立的主体、程序合法、合规

1.国有企业需提供相应的国有资产监督管理机构或国务院、地方政府授权的其他部门、机构关于国有股权设置的批复文件。

2.外商投资企业须提供商务主管部门出具的设立批复文件。

3.《公司法》修改（2006年1月1日）前设立的股份公司，须取得国务院授权部门或者省级人民政府的批准文件。

需要注意的是，如果拟挂牌转让企业在历史沿革中有国有企业投资或国有创投公司、增资扩股、退出的情况，就要关注在投资的时候，该企业有没有经过国有资产监督管理部门的批准，投资前有没有对拟投资的公司进行过评估、备案，决策程序是否经过有权部门履行。如果存在国有创投公司或国有企业对其增资扩股的情况，要观察是同比例增资还是未同比例增资，在不是同比例增资的情况下，有没有按照规定进行了相关的评估、备案手续。国有股在退出企业的时候，有没有履行相关的法律程序，如评估及备案、在产权交易所交易、国有资产监督管理部门批准等。

（二）公司股东的出资合法、合规，出资方式及比例应符合《公司法》相关规定

1.以实物、知识产权、土地使用权等非货币财产出资的，应当评估作价，核实财产，明确权属，财产权转移手续办理完毕；

2.以国有资产出资的，应遵守有关国有资产评估的规定；

3.公司注册资本缴足，不存在出资不实情形。

高新技术企业中的股东很有可能是以无形资产评估出资的，这时候就要注意无形资产出资是否与主营业务相关、无形资产是否属于职务成果或职务发明及无形资产出资是否已经到位。

如果公司通过了高新技术企业的评估，但是却源于股东与大学合作，由于经营过程中主营业务的变化及其他的一些原因导致公司股东评估出资至公司的专利技术或者非专利技术形同虚设，或者购买了与公司主营业务无关的无形资产，这些行为都是要予以规范的，因为涉嫌出资不实要走减资程序予以解决。公司股东仅仅在名义上出资了无形资产，但是实际上却没有进行资产过户，这种出资不具有法律效力。

如果公司股东完成某项发明创造的时间是在任职期间，那么公司为专利

权人，专利技术或者非专利技术的归属权属于公司。该项职务成果或职务发明不能算作无形资产投资入股。

还有一种出资不实、涉嫌虚假出资的情况需要注意。在注册资本的数目上，法律上可能会对某些特殊行业的公司有所要求，某些项目的招投标也会对公司的注册资本有所要求，一些公司在资金不足的情况下会找中介公司进行代验资，这样的情况也存在于一些创业初期的公司。这些找中介公司代验资的公司通常把验资进来的现金再转给中介公司提供的关联公司，然后以应收账款的形式反映在财务报表上。这种情况就属于出资不实、涉嫌虚假出资。

一旦鉴定为虚假出资，一种方法是由公司股东把代验资的款项归还代验资中介，并调整好相关财务报表内容。或者在公司没有损害他人和社会利益的情况下，中介公司慎重处理，及时给出公司意见，公司及时补足，在财务的具体处理上公司要参考审计师给出的意见。

二、存续满两年

《标准指引》中指出"存续两年是指存续两个完整的会计年度"。《中华人民共和国会计法》第十一条规定：会计年度自公历1月1日起至12月31日止。

如果股份有限公司是有限责任公司按原账面净资产值折股整体变更的，那么存续时间的计算可以从有限责任公司的成立之日算起。需要注意的是，整体变更的情况不应该改变历史成本计价原则，不应根据资产评估结果来进行账务调整，股份有限公司股本应以改制基准日经审计的净资产额为依据折合而成。申报财务报表最近一期截止日不得早于改制基准日。

第二节　业务明确，具有持续经营能力

《证券公司代办股份转让系统中关村科技园区非上市股份有限公司股份报价转让试点办法（暂行）》（已废止）规定，"业务明确"，指拟挂牌的企业必须满足"主营业务突出"的要求。

一、业务明确

业务明确是指公司能够明确、具体地阐述其经营的业务、产品或服务、用途及其商业模式等信息。

1.公司业务如需主管部门审批，应取得相应的资质、许可或特许经营权等；

2.公司可同时经营一种或多种业务，每种业务应具有相应的关键资源要素，该要素组成应具有投入、处理和产出能力，能够与商业合同、收入或成本费用等相匹配；

3.公司业务遵守法律、行政法规和规章的规定，符合国家产业政策以及环保、质量、安全等要求。

二、持续经营能力

持续经营能力指公司基于报告期内的生产经营状况，在可预见的将来，有能力按照既定目标持续经营下去。

1.按照《企业会计准则》的规定，公司进行报告期内的财务报表的编制和披露，公司不存在《中国注册会计师审计准则第1324号—持续经营》中列举的影响其持续经营能力的相关事项，并由具有证券期货相关业务资格的会计师事务所出具标准无保留意见的审计报告。

2.公司业务不应仅存在偶发性交易或事项，应在报告期内有持续的营运记录。营运记录包括营业收入、交易客户、现金流量、研发费用支出等。

3.公司不存在依据《公司法》第一百八十一条规定解散的情形，或法院依法受理重整、和解或者破产申请。

如果公司财务报表需要出具带强调事项的无保留审计意见，应全文披露审计报告正文以及董事会、监事会和注册会计师对强调事项的详细说明，并对董事会和监事会对审计报告涉及事项的处理情况进行披露，且说明该事项对公司的影响是否重大、影响是否已经消除、违反公允性的事项是否已予以纠正。

由于创业型企业占了拟挂牌企业中很大比例，很多规模小的企业财务不规范，存在一定的核定征税问题。要想解决这一问题就得尽快与税务机关申请调整为查账征收，按照新三板的企业需要运行两个完整会计年度的有关法律规定，企业在查账征收运行两个完整的会计年度后就可以挂牌转让了。

如果企业在运行初期存在隐藏部分收入的情况，在主动及时补缴税收的情况下，税务机关一般不会对其进行行政处罚，一旦企业没有及时补缴，税务机关在核查中发现此类问题，企业将面临行政处罚，还有可能会被移交司法机关处理。

三、"不具有持续经营能力"的细化

2015年9月9日，《关于挂牌条件适用若干问题的解答（一）》中对于拟挂牌公司的持续经营能力做了进一步明确。其中对"不具有持续经营能力"做了细化的规定：企业在每一个会计期间内没有形成与同期业务相关的持续营运记录；业务发展受产业政策限制且在报告期连续亏损；企业在报告期期末的净资产额为负数；其他可能导致对持续经营能力产生重大影响的事项或情况存在于企业的生产经营过程中。

第三节　公司治理机制健全，合法规范经营

《基本标准指引》对于"公司治理机制健全，合法规范经营"的诠释如下：

一、公司治理机制健全，是指公司依法建立"三会一层"，即建立股东大会、董事会、监事会和高级管理层组成的公司治理架构，制定相应的公司治理制度，并能证明有效运行，保护股东权益。

（一）公司依法建立"三会一层"，并按照《公司法》《非上市公众公司监督管理办法》及《非上市公众公司监管指引第3号——章程必备条款》等规定建立公司治理制度。

（二）公司"三会一层"应按照公司治理制度进行规范运作。在报告期内的有限公司阶段应遵守《公司法》的相关规定。

（三）公司董事会应对报告期内公司治理机制执行情况进行讨论、评估。

一般来说，家族企业、中小企业在治理机制上比较薄弱，董事会成员多为家族成员，建议引进外部董事或管理层。企业如果不具备董事会，建议尽

快建立"三会一层"。企业在挂牌前，整个经营过程必须严格遵守公司章程并使公司制度得到贯彻执行，以便提早适应挂牌后的信息披露要求。

二、合法合规经营，是指公司及其控股股东、实际控制人、董事、监事、高级管理人员须依法开展经营活动，经营行为合法、合规，不存在重大违法违规行为。

（一）公司的重大违法违规行为是指公司最近24个月内因违犯国家法律、行政法规、规章的行为，受到刑事处罚或适用重大违法违规情形的行政处罚。具体来讲，经济管理部门对涉及公司经营活动的违法违规行为给予的行政处罚即行政处罚；公司在最近24个月内不存在涉嫌犯罪被司法机关立案侦查，尚未有明确结论意见的情形；凡被行政处罚的实施机关给予没收违法所得、没收非法财物以上行政处罚的行为，属于重大违法违规情形，但处罚机关依法认定不属于的除外；被行政处罚的实施机关给予罚款的行为，除主办券商和律师能依法合理说明或处罚机关认定该行为不属于重大违法违规行为的外，都视为重大违法违规情形。

（二）控股股东、实际控制人合法合规，是指公司的控股股东和实际控制人最近24个月内不存在涉及的重大违法违规行为，有控股股东、实际控制人受刑事处罚；涉嫌犯罪被司法机关立案侦查，尚未有明确结论意见；没有受到与公司规范经营相关的行政处罚，且情节严重；情节严重的界定参照前述规定。

（三）现任董事、监事和高级管理人员应具备和遵守《公司法》规定的任职资格和义务，不应存在最近24个月内受到中国证监会行政处罚或者被采取证券市场禁入措施的情形。

（四）在公司报告期内不应该存在股东包括控股股东、实际控制人及其关联方占用公司资金、资产或其他资源的情形。如有存在这种情况，应在申请挂牌前予以归还或规范。

（五）公司应设有独立财务部门进行独立的财务会计核算，相关会计政策能如实反映企业财务状况、经营成果和现金流量。

拟挂牌公司在设立时，主办券商需要对公司的高级管理人员的选举和产生是否遵循《公司章程》《公司法》的规定；董事会、监事会的选举和召开、股东大会的召开是否符合法律规定进行判断；拟挂牌公司的治理制度是否健全；拟挂牌公司自成立以来，是否建立了健全的组织机构，各组织结构权责是否清晰，公司的各议事规则和内控制度执行力度如何；此外，主办券商还需了解拟挂牌公司的实际控制人、控股股东及管理层是否有无违法行为及无不良诚信状况的证明。

第四节　股权明晰，股票发行和转让行为合法合规

股权明晰以及股票发行和转让行为合法规范，在一定程度上代表着企业公众形象。公司如果挂牌成功，企业公众形象将成为影响融资能力的一大关键因素。因此，企业股权是否明晰以及股票发行和转让行为是否合法规范，投资者以及企业必须要了解清楚。

一、股权明晰，是指公司的股权结构清晰，权属分明，真实确定，合法合规，股东特别是控股股东、实际控制人及其关联股东或实际支配的股东持有公司的股份不存在权属争议或潜在纠纷。

（一）公司的股东不存在国家法律、法规、规章及规范性文件规定不适宜担任股东的情形。

（二）申请挂牌前，外商投资企业的股权转让应遵守商务部门的规定。

（三）申请挂牌前存在国有股权转让的情形，应遵守国资管理规定。

二、股票发行和转让合法合规，是指公司的股票发行和转让依法履行必要内部决议、外部审批（如有）程序，股票转让须符合限售的规定。

（一）公司股票发行和转让行为合法合规，不存在的情形有：公司在最近36个月内未经法定机关核准，擅自公开或者变相公开发行过证券；目前仍处于持续状态的发生在36个月前的违法行为（《非上市公众公司监督管理办法》实施前形成的股东超过200人的股份有限公司经中国证监会确认的除外）。

（二）公司股票限售安排应符合《公司法》和《全国中小企业股份转让系统业务规则（试行）》的有关规定。

（三）在区域股权市场及其他交易市场进行权益转让的公司，申请股票在全国股份转让系统挂牌前的发行和转让等行为应合法合规。

（四）公司的控股子公司或纳入合并报表的其他企业的发行和转让行为须符合本指引的规定。

拟挂牌公司从设立到历次增资，各股东是否依法出资且到位、公司历经的股权转让是否都签订了相关协议及经过了股东大会决议确认、公司的历次增减资程序是否合法合规、公司的整体变更程序是否合法合规、公司有没有股权结构的变化且是否及时办理了相关手续、公司是否存在有可能引起股权纠纷的情况等，都需要主办券商对其进行审慎核查。

第五节　主办券商推荐并持续督导

主板券商的推荐和持续督导在公司拟挂牌上市中起到的作用重大，能够对企业是否拥有完善的治理结构和较高的运作水平起到监督作用。

1.主办券商推荐

具备主办券商的推荐，企业才能进行挂牌新三板的申请。企业和主办券商签署《推荐挂牌并持续督导协议》。主办券商对拟挂牌公司进行尽职调查，并完成内核程序，就公司是否符合挂牌条件发表意见，并在此基础上出具推荐报告。

2.主办券商持续督导

主办券商在完成对企业的尽职调查和内核程序后，对公司是否符合挂牌条件发表独立意见，并出具推荐报告。主办券商在其出具的推荐报告中主要涵盖以下方面内容，并公开披露：

主办券商对拟推荐挂牌公司的尽职调查情况；根据拟推荐挂牌公司的具体情况发布提醒投资者注意的风险事项；主办券商的内核程序与内核意见；

主办券商针对推荐公司是否符合五条挂牌实质条件逐条发表意见。

主办券商对于新三板挂牌企业不仅起到了孵化、培育的作用，而且持续督导将贯穿于主板券商和挂牌企业的联系始终。主办券商对于挂牌企业的作用主要体现在对公司的规范运作进行督促、帮助挂牌企业发现自身价值、对股份进行合理定价、提供融资、并购方面的服务、帮助企业制定发展规划等方面。

在对公司的规范运作进行督促方面，主办券商应对拟挂牌公司进行督导，促使公司治理更加规范化，信息披露切实履行。不定期审核财务报表及文稿，加强挂牌公司保护公众投资者权益的观念。对高管人员进行培训，规范公司内部制度和操作流程。

主办券商帮助挂牌企业发现自身价值主要是通过履行相应的督导、培育功能来实现。

新三板的融资制度相对来说比较简单、灵活。定向增资制度大大提高了企业的融资自主性，通过选择对市场前景好的项目，迅速扩大企业自身规模。主办券商通过对挂牌企业提供并购服务，可以提升企业在行业中的品牌和地位。主办券商可以帮助企业冲刺新三板，并且在一定情况下使企业向更高层次的资本市场进军。

第三章

尽职调查的审查和法律评价

第一节 律师尽职调查的概念

一、新三板法律尽职调查的概念

目前，在我国规范性法律文件中，还没有关于法律尽职调查的明确定义。最接近定义的规定出现在2003年4月22日通过的《律师从事证券法律业务规范》中，其中第29条规定"律师应当根据受委托证券业务的具体情况，通过收集文件资料、与并购方管理或业务人员面谈、与相关方核对事实、实地考察等方式，对证券法律业务项目涉及的相关法律事项进行核查验证"。

这里的尽职调查指的是律师在遵循法律、依据法规及职业道德规范的情况下，根据新三板挂牌专项法律服务的需要和拟挂牌公司的委托授权，调查和核查拟挂牌企业是否符合新三板业务规则所要求的条件，并对调查及核查的结果做出法律分析和判断。

二、律师尽职调查的目的和作用

（一）尽职调查的目的

新三板律师进行尽职调查，提供法律意见书，是在遵守相关法律法规和职业道德规范要求的基础上进行的。尽职调查的目的就是使法律意见书成为挂牌公司的投资者进行投资选择的依据，使投资者确信：

1.经过律师的尽职调查，确定公司符合《全国中小企业股份转让系统业务规则（试行）》规定的挂牌条件；

2.法律意见书中所披露的信息真实、准确和完整。

（二）尽职调查的作用

尽职调查是律师在新三板挂牌项目中的工作任务之一。除此之外，还有股改方案的配合出具、法律意见书的制定、相关法律文书的起草和拟定等。尽职调查是开展其他工作的前提，更是基础，其作用主要体现在以下几方面：

1.使挂牌公司的情况在投资者面前得以客观呈现

律师在尽职调查后出具的《法律意见书》，可以帮助投资者从法律层面上对拟挂牌公司的资产权属、主体资格、债权债务等重大事项的法律属性进行掌握，对其投资风险进行合理评估。

2.为出具法律意见书提供事实依据

"以事实为依据，以法律为准绳"是法律意见书的出具原则。律师通过尽职调查来收集、分析和判断公司挂牌所需的法律事实，这些事实是法律意见书的出具依据。

3.为规避律师执业风险提供保障

投资者相信，由律师出具的法律意见书是专业可靠的。只有通过律师严谨细致的尽职调查，才能确保法律意见书的专业可靠。律师是否勤勉尽责，需要依靠其尽职调查的工作底稿来判断。所以，审慎的尽职调查可以规避律师的执业风险。

4.对拟挂牌公司在法律层面是否符合挂牌条件作出专业判断

新三板挂牌项目中，中介机构各司其职，出具相应的专业意见。在法律层面，律师通过对拟挂牌公司的尽职调查，做出其是否符合《全国中小企业股份转让系统业务规则（试行）》规定挂牌条件的分析和判断。据此出具的法律意见书是新三板挂牌项目得以推进的基础。

第二节　尽职调查的工作范围

尽职调查最主要的目的就是为企业"定性"，判断企业是否有资格挂牌新三板。律师在尽职调查过程中需要注意以下问题：

一、独立性问题

律师通过对公司组织结构文件的查阅，产、供、销体系的考察，来判断公司业务流程是否完善、生产经营场所和供销部门、渠道是否独立。查看公司财务会计制度、银行账户资料及与公司相关人员沟通，以此来判断公司财务是否具备独立性，对公司会计核算系统，财务管理和风险控制等内部管理制度的建立完善情况进行了解。通过对产权转移手续和合同、资产移交手续和购货发票及合同的查阅，来对公司资产权属情况进行判断。

二、实际控制人与股东问题

对企业的实际控制人进行确认，并观察其控制权是否稳定，可通过访谈相关主体的身份资料、财务报告、协议文件等方式进行，同时查验企业的控制结构有无重大变化。

对公司所有股东是否依法存续并具备合法的持有股票资格进行判断，判断方法为与相关当事人交流访谈，取得关联主体的背景及身份资料、章程、工商登记文件和财务报告，以及域外股东所在地区或国家律师或者公证人出具的文书、域外公司章程等。

三、仲裁和诉讼问题

律师需要对公司诉讼、仲裁的来龙去脉和进展情况了解清楚，可通过查询中国裁判文书网、相关起诉状、答辩状、上诉状、与公司人员访谈等方式进行。诉讼、仲裁事项是否对公司经营造成影响，若已经存在不利影响，公司应对采取的措施进行公开披露。

四、财产问题

律师需要对企业主要资产是否权属分明、证件是否齐备、有无存在权属瑕疵、权属纠纷等情况进行判断，可通过检查审阅审计报告、土地证、房产证、房管局登记资料、中国裁判文书网、重要生产经营设备等重大财产的权属文件和相关合同等资料的方法进行。必要时可进行实地查看。

五、主题资格问题

判断公司是否合法设立，可通过查看《企业法人营业执照》、工商登记资料、发起人协议、评估报告、审计报告、历次验资报告、公司历年年检及年报等进行。此外，还要通过查阅《企业法人营业执照》、基金业协会网站、审计报告、公司制度章程等，来判断公司是否属于《私募投资基金监督管理暂行办法》《证券投资基金法》及《私募投资基金管理人登记和基金备案办法（试行）》等相关规定所指的私募投资基金管理人或私募投资基金。如果是，与之对应的登记备案是否存在。

六、重大债权债务

要想对公司重大债权债务进行详细了解，律师需要查询公司与主要客户和主要供应商签订的重大业务合同；与重大业务合同对应的收付款凭证、银行对账单、仓储凭证、发票、海关进出口单据、收发货凭证等；公司主要客户和主要供应商的工商基本情况和相关资料。

七、税务问题

律师通过对营业执照、财务审计报告、税务登记证的审查，并结合企业经营特点，判断企业缴纳税种以及税率情况。通过调查审阅财政补贴的参照性文件、企业有关税收优惠、收款凭证、企业缴纳所得税优惠的备案手续，判断公司是否享受优惠政策或财政补贴。

八、重大资产变化问题

律师判断企业成立之后分立、合并、增资减资、出售及其收购资产等行为是否合乎法规、是否履行了必要的法律手续，可通过查阅公司设立以来的相关工商资料及相关决策程序的文书进行。对企业报告期的变化状况进行了解，在取得并核查被投资公司的营业执照、投资协议、报告期的财务报表等文件后，掌握企业的股权投资情况。

九、股本问题

律师通过对工商资料的查阅，对公司历次增资、减资等股本变化、是否履行企业内部决议、外部审批程序，及时发表公司历次的增资、减资是否合法合规、有无存在争议的明确意见。调查公司股东出资是否及时到位、出资方式是否合法合规，可通过查阅中介机构出具的验资报告，询问管理人员和会计人员，到工商行政管理部门查询公司注册登记资料等方法进行。如果股东是以实物、非专利技术、土地使用权等非现金资产出资，律师可通过查看资产评估报告，咨询资产评估机构的方法，调查评估方法与评估值的合理性和准确性。

十、子公司问题

如果企业属于集团公司，那么律师可以通过查阅工商资料、股权转让协议、股权认购协议等文件的方式，来判断子公司的股票发行和转让是否按照内部决议、外部审批（如有）的合法程序进行。通过查阅公司章程、股权认购协议、股东访谈等资料，对公司股票限售安排是否符合《公司法》和《全国中小企业股份转让系统业务规则（试行）》的有关规定进行判断。

第三节 律师尽职调查的工作流程

关于律师尽职调查的工作流程，主要分为以下几个方面：

一、确定尽职调查的对象和范围

律师接受客户委托，签署委托协议后，应该积极地和客户进行沟通交流，透彻了解拟交易的项目，对拟交易的框架和客户的目的要了然于胸，根据交易计划有针对性地确定尽调的对象和范围。同时，视情况和客户签署相关保密协议。

二、法律研究

从广义上讲，"法律研究"是指对法律、法规、部门规章、地方性法规、地方政府规章以及目标公司所在地的政府相关政策文件等的检索和整理。

具体来说，律师尽职调查过程中的法律研究指的是在对客户商业计划进行充分了解、对尽调范围进行确定后，针对具体项目相关的法律进行检索，并依据检索结果建立法规库。同时，为了便于查阅，使尽调工作更顺利的开展，律师应对尽职调查所需要的具体的法律重点进行整理。

法律研究是律师的基本技能之一，具体方法为：

（一）法律检索

一般来说，律师在进行法律检索时，可以通过购买相关法律法规数据库软件进行检索，比如北大法意、万律法律在线、法律之星、中国法律图书馆等。运用软件检索时，输入具体项目关键词，然后对检索到的法规法律进行整理。

需要注意的是，检索整理法规时，要注意其时效性。比如，有些法律法规已经被国家或地方以及各部委废止，但是在某些数据库中并没有"废止"标注。有些法律法规属于新颁布，还没更新到数据库中。为了对法律更为精准的把握，笔者建议，在检索完相关数据库后，再次运用谷歌和百度进行关键词的二次检索或者在行政部门的官方网站进行相关法律法规文件的再次确认。

（二）编制法律法规库

建立法律法规库是进行法律研究过程中的一个重要环节。律师在进行法律检索的同时，要根据尽职调查需要和交易项目内容建立包含不同层级文件夹的法律法规库。对相关法律法规进行分类整理后放进不同的文件夹，以便节省查阅时间。

（三）建立重点法条提示文件

"重点法条提示文件"又称"法律研究备忘录"。在交易项目过程中，律师要建立"重点法条提示文件"。把进行尽职调查整个过程中涉及到的法律法规拣出来列到"重点法条提示文件"中。以便于以后遇到此类问题，可以随时进行针对性查阅，而不是对某部法律进行通篇查阅，这样可以大大提高工作效率。

三、编写法律尽职调查清单

法律尽职调查清单是由承办律师根据交易的架构和已确定的尽职调查范围进行编制并发给目标客户的清单。建议根据个人使用习惯编制一版法律尽职调查清单模板（可通过百度搜索尽调清单模板），根据每次交易目的不同，可以在此模板基础上进行增加或删减，以便提高工作效率。

为了推动项目进程，提交资料的截止时间可以标注在尽职调查清单中。尽职调查清单编制完毕，经过客户确认后，发送给交易项目的牵头人（一般是券商），再由牵头人统一发送给目标公司，或者直接发送给目标公司联系人。在必要的情况下，比如随着尽调工作的开展、项目往前推进，承办律师或者客户需要掌握更多目标公司的情况，承办律师有必要编制尽调补充清单。

四、进场调查

进场调查就是对尽调清单的资料进行搜集和整理，一旦发现问题，立刻与目标公司进行沟通交流。进场调查的方法有多种，包括实地调查、向主管政府询证、书面材料的审阅、与目标公司管理人员面谈等。

律师工作底稿的制作是在资料搜集完毕后，底稿务必准确、真实。好的制作底稿可以顺利推进律师后期尽职调查报告的编制工作。

五、编写法律尽职调查报告书并出具报告

尽职调查报告由四个部分构成，分别为导言、正文，报告书的法律效力以及附件。

报告编写完毕，校对无误后，装订成册，并由承办律师签名，经律师事务所盖章后生效，最后发给客户。值得一提的是，尽调报告内容未经客户许可不能披露给目标公司，否则很容易使客户在交易谈判时陷入被动局面。

第四节　尽职调查常见法律问题

一、无形资产出资

（一）无形资产出资的法律规定及核查

关于无形资产出资，《公司法》中规定"股东可以用货币出资，也可以用实物、知识产权、土地使用权等可以用货币估价并可以依法转让的非货币财产作价出资；但是，法律、行政法规规定不得作为出资的财产除外。对作为出资的非货币财产应当评估作价，核实财产，不得高估或者低估作价。法律、行政法规对评估作价有规定的，从其规定。"

用于出资的无形资产有多种，比如土地使用权、实用新型专利、发明专利、具备商业价值的非专利技术等。依据法律规定，无形资产可以出资但是其评估作价要依据具体规定。

1999年《公司法》规定，无形资产的出资比例不得超过公司注册资本的20%（高新技术企业除外）。2006年《公司法》中对无形资产的出资比例提高到了70%。2014年3月1日修订的《公司法》删除了有关限制无形资产出资比例的条款，也就是说，目前无形资产的出资不再受比例限制。

PE机构在进行尽职调查的过程中，需要对以下问题进行重点核查：

1.无形资产出资前是否属于职务作品，权属问题务必明确；

2.如果无形资产估值较高，那么要对其评估定价的合理性与依据进行审慎核查，以确保其实际价值和估值相符；

3.无形资产出资程序是否合法，是否对其进行了评估作价；

4.用于出资的无形资产，是否已经依据相关法律法规办理完毕权属转让；

5.如果采用非专利技术出资，那么要对技术的鉴定情况，技术内容、范围的界定，是否向目标公司转让等问题进行核查。

（二）无形资产出资瑕疵

无形资产出资瑕疵主要表现为评估作价合理性存疑或出资程序出现重大瑕疵、无形资产出资占比较高等方面。

对无形资产的出资问题，证监会对IPO企业审核掌握的标准为：如果有存在瑕疵或不规范的地方，要如实披露；对不存在出资不实的情况进行详细说明，不会影响到企业的注册资本、后续股东的利益；用于出资的无形资产已经办理完毕产权转移手续，不属于职务作品。

综上所述，从PE（私募股权）机构和证监会的角度看，用于出资的无形资产评估作价是否真实合理是关键所在。即便出资程序存在瑕疵，也不会构成实质性法律障碍，只需对其进行充分说明和补正就可以了。

二、抽逃注册资本

（一）成因分析及法律分析

抽逃出资的问题在尽职调查时经常遇到，其表现形式为股东将资金出资到公司后不久又将资金抽回投放到其他地方。实物出资抽逃出现的概率较小，货币出资后抽逃比较多见。抽逃出资的成因主要有以下几个：

1.公司发展壮大到一定规模，需要增加注册资本以便于业务开展时，股东因为资金实力不够而找中介代垫出资，验资成功后，抽回资金还给中介公司；

2.很多国企股东，在完成对子公司的出资后，又将资金抽回投入到集团规划的其他地方；

3.有些股东在进行大额资金的出资后，觉得资金闲置不如划走用在其他需要的地方，于是抽逃出资。

对抽资出逃的法律分析如下：

第一，违反《中华人民共和国公司法》

《中华人民共和国公司法》第三十五条规定，一旦公司成立，股东不得抽逃出资。第二百零一条规定，公司成立后，公司发起人、股东抽逃其出资的，一经发现，由公司登记机关做出对其责令改正，并处以所抽逃出资金额百分之五以上百分之十五以下罚款的行政处罚。

第二，情节严重者，违反《中华人民共和国刑法》，构成犯罪

《中华人民共和国刑法》第一百五十九条规定，公司发起人、股东违反公司法的规定未交付货币、实物或者未转移财产权，虚假出资，或者在公司成立后又抽逃其出资，数额巨大、后果严重或者有其他严重情节的，处五年以下有期徒刑或者拘役，并处或者单处虚假出资金额或者抽逃出资金额百分之二以上百分之十以下罚金。单位犯前款罪的，对单位判处罚金，并对其直接负责的主管人员和其他直接责任人员，处五年以下有期徒刑或者拘役。

《最高人民检察院、公安部关于经济犯罪案件追诉标准的规定》第三条针对刑法第159条（虚假出资、抽逃出资案）规定，公司发起人、股东违反公司法的规定未交付货币、实物或者未转移财产权，虚假出资，或者在公司成立后又抽逃其出资，涉嫌下列情形之一的，应予追诉：

1.虚假出资、抽逃出资，给公司、股东、债权人造成的直接经济损失累计数额在十万元至五十万元以上的；

2.虽未达到上述数额标准，但具有下列情形之一的：

（1）致使公司资不抵债或者无法正常经营的；

（2）公司发起人、股东合谋虚假出资、抽逃出资的；

（3）因虚假出资、抽逃出资，受过行政处罚二次以上，又虚假出资、抽逃出资的；

（4）利用虚假出资、抽逃出资所得资金进行违法活动的。

由此可见，抽逃出资如果情节严重到一定程度，就构成犯罪，面临的可能是会被处五年以下有期徒刑或者拘役，并处或者单抽逃出资金额百分之二以上百分之十以下罚金。单位犯前款罪的，对单位判处罚金，并对其直接负责的主管人员和其他直接责任人员，处五年以下有期徒刑或者拘役。

第三，对未来IPO的影响

公司在进行IPO申请时，证监会会对发行人及其控股股东、实际控制人做出一些要求，比如最近三年内不存在损害社会公共利益、投资者合法权益的重大违法行为；同时会要求报告期内不存在违反工商、土地、环保、海关以及其他法律、行政法规，受到行政处罚，且情节严重的情况。

一旦发生抽逃出资，行为人将面临工商行政管理部分的处罚，甚至将承担刑事责任。这样的结果将会对IPO形成实质性障碍。

（二）抽逃出资的核查

抽逃出资的核查一般可从以下几个方面入手：

1.对大额增资前后公司账号的银行对账单进行核查；

2.对出资资金变化最清楚的人是股东，与公司原始股东进行有技巧的沟通有可能揭开抽逃出资的真相；

3.对公司账款往来明细进行核查，抽逃出资会在应收应付账款、预收预付账款明细上显露痕迹。抽逃资金会在应付账款和预收账款中以负数形式存在，同时，应收账款和预付账款也会有所体现。

三、职工持股会及工会持股

（一）背景及合法性分析

追根溯源，职工持股会及工会持股的出现源于1995年到2000年前后国有企业及集体企业的改制。当时《公司法》对改制后的股东人数有严格规定。

改制为有限责任公司和股份有限公司的股东人数限制分别为最多50人和200人，如果股份有限公司股东人数超过200人，将视为公开发行，鉴于审批程序的复杂性，很多企业采取了由职工持股会或工会代为持股的方式。

《合同法》第四百零二条规定："受托人以自己的名义，在委托人的授权范围内与第三人订立的合同，第三人在订立合同时知道受托人与委托人之间的代理关系的，该合同直接约束委托人和第三人，但有确切证据证明该合同只约束受托人和第三人的除外。"第四百零三条规定："受托人以自己的名义与第三人订立合同时，第三人不知道受托人与委托人之间的代理关系的，受托人因第三人的原因对委托人不履行义务，受托人应当向委托人披露第三人，委托人因此可以行使受托人对第三人的权利，但第三人与受托人订立合同时如果知道该委托人就不会订立合同的除外。受托人因委托人的原因对第三人不履行义务，受托人应当向第三人披露委托人，第三人因此可以选择受托人或者委托人作为相对人主张其权利，但第三人不得变更选定的相对人。委托人行使受托人对第三人的权利的，第三人可以向委托人主张其对受托人的抗辩。第三人选定委托人作为其相对人的，委托人可以向第三人主张其对受托人的抗辩以及受托人对第三人的抗辩。"

从本质上看，职工持股会属于股权代持行为。从上面两条法律规定中可见，这种股权代持行为合法有效。《最高人民法院关于适用〈中华人民共和国公司法〉若干问题的规定（三）》（2010年12月6日由最高人民法院审判委员会第1504次会议通过，现自2011年2月16日施行）第二十四条规定："有限责任公司的实际出资人与名义出资人订立合同，约定由实际出资人出资并享有投资权益，以名义出资人为名义股东，实际出资人与名义股东对该合同效力发生争议的，如无合同法第五十二条规定的情形，人民法院应当认定该合同有效。"由此，我国法律与司法实践对于委托持股行为的合法性进行了认可。

（二）证监会对股权代持的审核要求

通常证监会不允许代持行为存在。从监管角度看，股权代持容易引发潜在纠纷，这是由其股权不稳定、不清晰，权属模糊不清等特点决定的。而拟挂牌企业必须符合《首发管理办法》中的"股权清晰，不存在潜在纠纷"的要求。

（三）职工持股会法律地位的历史演变及当前的法律处境

职工持股会的法律地位在我国历史上进行了一系列的演变。1997年，《关于外经贸试点企业内部职工持股会登记管理问题的暂行规定》中规定，依法登记后的职工持股会具备社会团体法人资格，依据国家有关法规和职工持股会章程开展活动（适用于外经贸行业中按原《公司法》改建为股份有限公司、有限责任公司进行内部职工持股试点的企业）。

2000年7月，《关于暂停对企业内部职工持股会进行社团法人登记的函》颁布后，各地民政部门在国务院没有明确意见前，暂不对企业内部职工持股会进行社团法人登记；此前已登记的职工持股会，暂不换发社团法人证书。

在2002年11月，《关于职工持股会及工会持股有关问题的法律意见》中指出，为了防止发行人借职工持股会及工会的名义变相发行内部职工股，甚至演变成公开发行前的私募行为，停止对职工持股会及工会作为发起人或股东公司的发行申请的审批。职工持股会的社团法人无从登记后，职工持股会就不再具备法人资格，不再具备成为上市公司股东及发起人的主体资格，而工会成为上市公司的股东与其设立和活动的宗旨不符。

综上所述，职工持股会不具备法人资格，不能成为公司股东，不能作为拟挂牌公司的发起人。对拟挂牌公司来说，如果发行人的股东、发行人的实际控制人属于职工持股会和工会持股，那么将上市无望。

（四）工会法律地位及当前处境

《中华人民共和国工会法》第十四条中规定："中华全国总工会、地方总工会、产业工会具有社会团体法人资格。基层工会组织具备民法通则规定的法人条件的，依法取得社会团体法人资格。"第六条中规定："维护职工合法权益是工会的基本职责。工会在维护全国人民总体利益的同时，代表和维护职工的合法权益。工会通过平等协商和集体合同制度，协调劳动关系，维护企业职工劳动权益。工会依照法律规定通过职工代表大会或者其他形式，组织职工参与本单位的民主决策、民主管理和民主监督。工会必须密切联系职工，听取和反映职工的意见和要求，关心职工的生活，帮助职工解决困难，全心全意为职工服务。"

由上述法律条文可见，具备公益性特点的工会具备法人主体资格。

2002年11月，《关于职工持股会及工会持股有关问题的法律意见》中规定，为了防止发行人借工会的名义变相发行内部职工股，甚至演变成公开发行前的私人募集资金行为。对工会作为发起人的发行申请停止审批。

综上所述，工会持股具备合法性，但是证监会不予受理其上市申请。如果企业在短期内准备上市，那么就要处置好工会持股问题。

（五）职工持股会与工会持股的核查

在尽职调查过程中，针对职工持股会与工会持股问题，PE机构应该重点核查以下问题：

1.职工持股会与工会持股的历史演变过程、产生背景及原因、数量；

2.了解职工的离退休和死亡情况，及职工离退休、死亡后，代持股权如何处置及相关依据；

3.对持股的法律文件、职工持股会、工会的内部决议进行审慎核查；

4.针对代持股权未来如何处置这一问题，职工的态度、意见。

四、盈余公积金、未分配利润转增注册资本问题——涉税瑕疵

关于尽职调查中的盈余公积金、未分配利润转增注册资本问题，可依据1998年国家税务总局下发"国家税务总局关于盈余公积金转增注册资本征收个人所得税问题的批复"结合实务处理原则来进行处理。处理方法为：盈余公积金、未分配利润转增注册资本的，等同于"向股东分配了股息、红利，股东再以分得的股息、红利增加注册资本"，所得人为纳税义务人应缴纳个人所得税。

企业以盈余公积金、未分配利润直接转增注册资本，应缴纳个人所得税，如果没有缴纳，又拒绝补缴，面临的将是税务处罚。对此类问题的核查可直接通过查看原始凭证及访谈的方式进行。

五、关联方资金占用问题

（一）现实情况

关联方资金占用问题主要出现在民营企业和运作不规范的国有企业中。在企业日常经营中，实际控制人或控股股东将企业资金挪走运用在和企业经营无关的方面。比如，为股东垫付各种费用，或以借款、预付款的方式将资金划给实际控制人或股东控制的其他有关联关系的企业。

2015年，某大型公司为公司8位股东垫付了资金，总金额达到400万元，后来又为第一大股东垫付了个税款200万元。截至2015年12月31日，股东累计还款500万元，尚待归还款项为100万。2016年，公司发布的半年报中显示以上垫付款项已还清，并且制定了相关制度对公司为关联方代垫费用的行为进行了规范。

上面这一案例为关联方资金占用问题的典型表现。公司为关联方即股东垫付费用，由于在当年年底股东将大部分垫付费用归还公司，并且出台了相关制度对这一问题进行了整改，所以相关监管部门没有要求整改公司出具整改报告。

（二）法律分析

在关联方资金占用问题上，如果资金的调用具备合法的形式，比如资金调用是经过股东会决议通过，且整个审批程序完整无误。这样虽然不构成违法，但是公司一旦习惯或放纵这种不规范的行为，就会使关联方资金占用的法律风险加大。

1.拟挂牌公司要杜绝关联方资金占用问题的发生证监会对拟挂牌公司的IPO申请审查严格，企业的资金管理制度必须规范，不得出现实际控制人或其控制的企业以代偿债务、借款、代垫款项等方式占用资金。公司要想挂牌上市，必须要保证资金不被关联方占用。

2.没有经过制度审查、程序决策，资金占用将涉嫌刑事违法。《中华人民共和国刑法》第二百七十二条规定："公司、企业或者其他单位的工作人员，利用职务上的便利，挪用本单位资金归个人使用或者借贷给他人，数额较大、超过三个月未还的，或者虽未超过三个月，但数额较大、进行营利活动的，或者进行非法活动的，处三年以下有期徒刑或者拘役；挪用本单位资金数额巨大的，或者数额较大不退还的，处三年以上十年以下有期徒刑。国有公司、企业或者其他国有单位中从事公务的人员和国有公司、企业或者其他国有单位委派到非国有公司、企业以及其他单位从事公务的人员有前款行为的，依照本法第三百八十四条的规定定罪处罚。"

关联方占用资金时如果没有遵守公司制度审查、程序决策，那么将会引发相关法律风险。比如股东在没有经过股东会决策通过的情况下，运用公司资金进行了溢价投资，那么就属于擅自挪用资金，涉嫌刑事责任。

（三）关联方资金占用的核查

为了防控风险，PE机构一般都会比较关注企业是否存在关联方资金占用问题。这种问题的发生也是公司运行不规范、制度不健全的表现，不仅小股东权益有可能受到损害，甚至会涉嫌刑事违法。对关联方资金的核查，通常从以下几个方面介入：

1.对公司往来账明细进行审慎核查，比如应收账款、应付账款、预收账款、预付账款是否出现异常，尤其要重点核查公司与关联方的资金往来是否正常；

2.为了更详细了解公司关联方构成，对股东和高管人员进行深入访谈；

3.对公司制度进行核查，看其针对关联交易的制度是否健全完备，资金占用行为是否严格遵循制度进行；

4.对企业与关联方的资金往来进行核查，核查资金往来是否经过程序决策，是否遵循相关法律法规。

六、关联交易与同业竞争

关联交易与同业竞争行为如果操作规范，且严格按照法定及约定的公司治理结构进行，那么不属于违法行为。证监会之所以在审核企业IPO申请时审慎严格，是因为此类行为涉及拟挂牌企业的很多敏感问题，比如公司独立性、利益转移、利益输送等。

证监会进行IPO审核时，要求发行人对关联方关系进行完整披露，并对关联交易按照重要性原则进行适当披露。对关联交易的价格是否公允、是否存在通过关联交易操纵利润的行为都要进行审核。对发行人的业务独立有严格要求，发行人业务不仅要独立于控股股东、实际控制人及其控制的其他企业，与这些企业之间不得存在同业竞争或者明显有失公平的关联交易。

核查关联交易和同业竞争，都可以通过对相关人员进行访谈，对账务往来明细进行核查的方式进行。通过对关联企业和关联交易情况的了解，结合相关法律文件判断其是否合理、合法。此外，还可进行外围查证工作进行核查。

七、债权出资问题

《公司法》规定，只要债权真实、程序合法，无论工商部门还是证券监管部门都是认可债权对公司增资的。

某公司2016年11月，注册资本有300万元增加到4000万元。经核查，增资的3700万元属于债权出资，出资严格履行了评估、验资程序。在进一步核查后发现，债权出资的原始凭证为公司与控股股东签订的借款协议，还有与之相对应的收款收据。因为公司账号并没有收到所借款项，所以没有作为第三方的银行对账单来证实债权出资的真实性。同时PE机构认为收款收据和借款协议存在由控股股东操控的可能。所以对该债权出资不予认可。

八、短期内大额增资，资金来源问题

企业在短期内注册资本大额增加，PE机构要审慎核查资金来源问题。注资后抽逃出资、高息拆借等问题很容易伴随此类情况发生。

某公司于2016年3月，将注册资本由300万增加到2000万，12月底，将注册资本增加到3000万。两次增资合计2700万元。这一短期大额增资现象引起了PE机构的关注，后来经过一番核查，资金来源为自有加借款资金。

第四章

股份制改造的合法合规

第一节　股份制改造的内容

普通企业按照《公司法》和《证券法》等法律规定,改造为股份制有限公司即股份制改造。评估资产、设计股权、完善治理是股份制改造的核心,改造的内容主要从公司的主体资格、公司独立性、规范运行等方面着手进行。

一、主体资格

股份制改造前,股东以公司设立时的出资额为限承担责任,出资额代表股东对公司的投资,通常是指一定数量的财产。股份制改造后,公司变更为股份有限公司,股东对公司承担的责任以持有股份为限。股份即股东在公司总资产中所拥有的"份额",该份额所代表的价值大小取决于公司经营状况的好坏。公司经营状况好,股份价值具有不断上升的空间。公司经营状况堪忧,股份价值随之缩水。

（一）出资合法性

股东出资要符合《公司法》规定,可以货币、实物、无形资产等形式进行出资。出资合法性要得以保证，比如有抽逃注册资本情形的必须补足；以实物出资的资产权属必须是明确的；以无形资产出资的，必须经过专业机构的合理评估且手续齐备；以未分配利润转增股本的，必须经过相关部门审计，确保没有漏税情况的出现。

（二）股东身份真实性

1.国有股东，必须要获得有权部门的批复；

2.代持股问题。对于拟挂牌企业，要对代持股产生的背景、原因了解清楚，并判断其合法性。出现在工商登记文件中的隐名股东，应在股改时予以纠正；

3.公司以往的股权转让行为要在股改前予以规范。股权转让要手续齐全、流程规范、符合法律规定，不存在股权争议问题。

（三）股权设置合理性

企业在进行股权设置时，引导、鼓励公司管理层和技术骨干持股，有利于发挥股权激励作用，促进企业长远发展。股东持股要均衡，既要防止出现一股独大、股权过于集中的情况，又要注意股权不能过度分散，以免对股东制约机制进行削弱。合理的股权结构，有益于公司的规范运行和法人治理。

二、公司独立性

（一）人员独立

为保持发行主体人员的独立性，避免关联交易和同业竞争的出现，企业高管人员不得在控股股东、实际控制人及其控制的其他企业中担任除董事、监事以外的其他职务。

（二）业务独立

股份制改造中，为使公司改造后的业务体系更完整，独立经营能力更强，应尽量把土地、公司在建工程等与公司主营业务相对应的资产纳入股份公司。这也符合了新三板对挂牌企业重视主营业务、盈利模式完整性的要求。业务重组、资产重组的方式都可以使发行主体的业务体系更为完整，面向市场独立经营的能力增强。

（三）机构独立

公司应建立能够独立行使经营管理职权的内部经营管理机构。

（四）财务独立

公司应具备健全、规范的财务会计制度，而且应该建立能独立作出财务决策的财务核算体系。

三、规范运行

（一）依法建立健全公司制度

公司要依法建立健全股东大会、监事会、独立董事、董事会、董事会秘书制度，公司的董事以及其他高级管理者要符合法律、行政法规和规章规定的任职资格，需要注意的是，被中国证监会下达证券市场禁入措施尚在禁入期、因涉嫌犯罪被司法机关立案侦查或者涉嫌违法违规被中国证监会立案调查，尚未有明确结论意见、最近36个月内受到中国证监会行政处罚，或者最近12个月内受到证券交易所公开谴责的人员不得担任公司董事和其他高级管理人员。

（二）财会与税务的合规性

新三板的股改对财务的合规性要求严格。新三板挂牌，公司经营历史必须达到两年以上。企业如果出现以审计后的净资产进行折股的情况，可以视作公司持续经营，经营业绩可连续计算。如果以评估数据调账，视同为新设公司，经营业绩不可连续计算。

税务的合法性不容置疑。企业在变更设立之前应尽量解决完税务问题，变更设立方案时要尽量选择税务成本较小的设计方案；如果能够取得税务部门及地方政府的支持，会对企业的发展更为有利；如果出现对企业进行会计师审计和财务梳理后，收入和利润增长的情况，企业应按照相关规定及时与税务部门沟通，补缴相关税款并取得完税证明。

（三）高效执行内部控制制度

公司不仅要具备健全的内部控制制度，而且要高效执行。这样才能对生产经营的合法性、财务报告的可靠性、营运的效率与效果有所保证。同时，上市主体不能存在涉嫌犯罪被司法机关立案侦查，尚未有明确结论意见、最近36个月内违反工商、土地、环保、税收、海关以及其他法律和法规，受到行政处罚，且情节较严重以及严重损害投资者合法权益和社会公共利益的情形。

企业的决策改制是拟挂牌企业步入挂牌流程所面临的第一步，有限责任公司不改制成股份有限公司，则挂牌无从谈起。只有企业改制成功才能进入新三板挂牌流程的下一步。那么企业的决策改制需要注意哪些问题？具体步骤又该如何进行呢？

第二节　股份制改造的程序

一、改制筹备小组的设立

股份制改造的第一步即筹备小组的设立。筹备小组的牵头人员一般为董事长或董事会秘书，成员包括来自公司生产、财务、技术等方面的负责人。小组负责工作主要包括：对改组方案和组织形式进行研究拟订；对公司改制有关的文件和资料进行整理和准备；召集中介机构协调会，为中介机构所要求的各种文件和资料给予提供，对中介机构提出的问题予以回答；对改制所需的中介机构进行聘请与接洽；对改制相关文件进行拟定；对政府主管部门进行申报文件或备案的工作，取得政府批文；联络发起人；办理股份有限公司设立等工作。

改制筹备小组可以就改制过程中遇到的所有问题以召开定期或不定期会议的方式进行研讨，也可就某些问题提请董事会决定。

二、发起人的选择

依据法律规定，设立股份有限公司的发起人人数应为2人以上200人以下。

如果拟改制公司现有股东人数或愿意参加本次发起设立的股东人数不足法律规定人数，可以进行新股东的引进，并由现有股东向其转让部分股权。股权结构改组后，由改组后的股东以公司资产共同发起设立股份有限公司；如果拟改制公司现有股东人数符合要求，可以直接以公司资产发起设立。

值得一提的是，部分企业在改制前有可能出于壮大企业综合实力的考量，引入战略投资者或具有行业背景、专业技术背景的投资人。如果股东要发生变更，变更情况应符合公司在申请发行前，最近3年内实际控制人不发生变化的要求。

三、中介机构的聘请

聘请中介机构是筹备小组的工作之一。在经过严格考察后，筹备小组应选择具有相应行业从业资格的保荐机构、审计师、发行人律师、资产评估师等中介机构，并与之签订委托协议或相关合同，正式确定法律关系。

四、尽职调查、资产评估与审计

企业与各中介机构正式确定法律关系后，各中介机构应根据具体情况进场，并进行尽职调查、资产评估与审计工作。

会计师对公司近3年的财务状况进行审计，并据此出具审计报告；律师对公司的法律事宜进行全面调查，并据此起草律师工作报告和法律意见书；资产评估师对公司的资产状况进行评估，形成资产评估报告；保荐机构全面调查公司商务经营情况及整体情况，并据此起草招股说明书。

对于改制后公司股本数额的确认，国家工商总局和证监会有着不同的评判要求。落实到实务，评估报告数值和审计报告净资产数额两者中，数值较低的一方作为验资报告上股本数额。如果公司三年内不考虑上市，则可以直接忽略审计报告数据，选择评估报告数据作为验资报告上的股本数量。

五、产权界定要清晰

筹备过程中，公司应依据具体情况对财产进行清查和产权界定，把公司资产和其他主体的资产区分开来。如果公司占有国有资产，为了保证国有资产的完整性，在改制前应对国有资产进行评估。

六、国有股权设置改制

如果存在国有资产投入情况，公司应向国有资产管理部门申请批准改制后国有股的股权设置、资产作价及相应持股问题。与此同时，公司律师可就国有股权设置问题出具法律意见书。

七、改制方案制定，发起人协议和章程草案的签署

首先，各发起人需要就净资产折股比例、注册资本数额进行商定并达成一致意见。

其次，按照各发起人在原公司中的股权比例来确定改制后持股比例。如果持股比例有所变化或调整应在此阶段商定，并进行发起人协议的签署和公司章程草案的拟定。

最后，公司改制中需要形成的改制文件和文本应包括股东会关于公司改制的决议、发起人框架协议、改制申请书、公司章程及企业改制总体设计方案、改制可行性研究报告等。

八、设立报批手续的申请和办理

如果改制过程中，涉及到国有股权和国有土地出资问题，应该分别向国有资产管理部门、国有土地管理部门申请办理相关批文。

九、股份的认缴及招募

股份有限公司发起设立，发起人应以实物、非专利技术、工业产权、土地使用权等非货币性资产出资的形式，书面认足公司章程规定的需要认缴的股份，并经过资产评估且依法办理该产权的转移手续。选择一次缴纳的，应

当缴纳全部出资；分期缴纳的，应当缴纳首期出资。

股份有限公司如果是以募集方式设立，发起人认购的股份不得少于总股份的35%。一旦发起人不能按时足额缴纳股款，视为违约，且对其他发起人承担违约责任。缴纳股款后应该经过会计师验资确认并出具验资报告。

十、注册成立股份有限公司

1.以发起方式设立的，公司董事会和监事会的选举，应在发起人首次缴纳出资后。董事会向公司登记机关申请设立登记，并报送公司章程、由验资机构出具验资证明及其它文件；

2.以募集设立的，股款募集成功并通过验资后，发起人应在30日内主持召开公司创立大会，对发起人用于抵作股款的财产作价及公司设立费用进行审议。

十一、股份公司的正式成立，董事会、监事会的产生、召开第一次会议

申请设立登记公司，需在创立大会结束后30日内。工商登记机关核准后对公司颁发营业执照，由此宣示着股份公司的正式成立。

十二、改制收尾工作

制定股份公司公章；原有限公司名下存在的登记公示的资质证书或资

产，应该尽快更名并过户到股份公司名下；将原来有限公司名下的账户名称、所有证件变更至股份公司名下；为了方便公司对外账务往来、公司业务的正常开展，尽快通知客户、供应商等利益相关人员关于公司的更名改制事宜；在中介结构的指导下，股份公司应对公司治理和内部控制进行完善，对内部规章制度进行修改、制定。

第三节　股份制改造的法律解析

一、公司进行股份制改造的法律依据及条件

《公司法》第96条规定："有限责任公司变更为股份有限公司时，折合的实收股本总额不得高于公司净资产额。有限责任公司变更为股份有限公司，为增加资本公开发行股份时，应当依法办理。"

有限责任公司变更设立为股份有限公司，根据《公司法》及相关法律法规的规定，应当符合的条件包括：发起人人数有2人以上200人以下，且半数以上在境内有住所；股份发行筹办事项符合法律规定；设立股东大会、监事会、董事会、经理等规范的组织机构；注册资本的最低限额为人民币五百万元（法律、行政法规对股份有限公司注册资本的最低限额有较高规定的，从其规定）；注册资本额符合股份有限公司的要求；名称中标明"股份有限公司"或"股份公司"字样；制定新的公司章程。

二、公司变更设立后的法律后果

（一）公司债权、债务的继承

有限责任公司变更为股份有限公司，只是公司形式的改变，其法人主体资格并未中断。因此变更后的股份有限公司需要继承原有限责任公司的所有债权、债务。

（二）股东责任的改变

公司变更设立前，股东以其出资额为限对公司承担责任。变更设立后，股东以其持有的股份为限对公司承担责任。

三、变更设立过程中需要注意的问题

股东出资要符合《公司法》的规定。以实物出资的，实物要具备明确的资产权属；抽逃注册资本的要予以补足；以未分配利润转增股本的，要经过审计；以无形资产出资的手续要完备。

股东在工商登记文件中的姓名登记要真实。国有股东须获得有权部门的批复；如果存在股权转让行为，股改前要予以规范，不可存在争议；股权转让时遵循法律规定。

税务要合法。变更设立之前要解决完税务问题，在选择变更设立方案时应考虑税务成本较小的设计方案；如果出现经过会计师审计、财务梳理后，企业的收入和利润显示增长的情况，企业应补缴税款，并取得完税证明。此外，企业应多寻求地方政府和税务部门的支持。

改制后的股权结构设置要合理，鼓励均衡持股，重视股权激励，合理的股权结构对公司的规范运行和法人治理有积极作用。

新三板挂牌，财务合规性很重要。公司经营历史至少达到两年，如果以审计后的净资产进行折股，则视同公司持续经营，经营业绩可以连续计算。以评估数据调账，视同新设公司，经营业绩不能连续计算。

第五章

新三板融资合规性探讨

第一节　定向增发特点及流程

一、定向增发特点

新三板定增，又称作新三板定向发行，是指申请挂牌公司以及挂牌公司向特定对象发行股票的行为。

不同于主板市场，新三板定向发行具有自身特点：企业定向发行融资可以在挂牌前、挂牌时、挂牌后，发行后再备案；定向发行融资规模相对较小，针对不超过35人的特定投资者，属于非公开发行；定向发行价格可以由投资者与企业协商谈判确定，投资者就避免了买入价格过高的风险；定向发行新增的股份不设立锁定期，上市后可以直接进行交易，锁定风险不存在；企业符合豁免条件就可以无需经过审核，进行定向发行。

目前，新三板市场交易主要采取协议转让方式进行，交易不活跃，一般投资者获得买入的机会很少。定向发行将成为未来新三板企业股票融资的主要方式，可以使投资者拥有因为提前获得筹码而享受未来流动性迅速放开带来溢价的机会。

二、定增的详细流程

（一）董事会对定增进行决议，公告发行方案

主要内容：发行目的、价格及定价方法；发行对象范围及现有股东的优先认购安排；发行股份数量及募集资金用途；公司除息除权、分红派息及转增股本情况；本次股票发行前滚存未分配利润的处置方案、本次股票发行限售安排及自愿锁定承诺及准备提交股东大会批准和授权的相关事项。

（二）召开股东大会，公告会议决议

内容与董事会会议基本一致。

（三）发行期开始，公告发行认购程序

公告主要内容：外部投资者认购程序、普通投资者认购及配售原则、认购的时间和资金到账要求。

（四）公告股票发行情况报告

公告主要内容：本次发行股票的数量、价格及定价依据；发行对象情况；现有股东优先认购安排。

（五）定增并挂牌并发布公开转让的公告

公告主要内容：本公司这次发行股票完成股份登记工作，在全国中小企业股份转让系统挂牌并公开转让。

第二节　新三板定增审核要点

一、挂牌定增以及放松定向增发的人员数量和身份同步进行

与主板市场相比，新三板定增流程顺畅、周期较短。目前，在新三板市场，越来越多的企业采用"挂牌即定增"的融资模式，以便使资本市场融资功能能得以最大化发挥。

（一）挂牌定增同时启动

《全国中小企业股份转让系统挂牌公司定向发行备案业务指南》规定，"申请挂牌同时定向发行的，可在报送申请挂牌材料后向全国股份转让系统公司挂牌业务部提出和披露定向发行意向，以便提升投融资对接效率，在新三板申请挂牌的企业可以同时进行定向增发融资，突破了过去不能在挂牌的同时定向增发的限制；同时，定向增发的挂牌企业在其指定的网站上披露定向发行意向即可，投融资对接效率将得到提升。"

目前，新三板定增以小额、快速、灵活的融资模式受到众多企业热捧，

"挂牌即融资"所带来的活跃交易量远胜过二级市场。

（二）放松定向增发的人员数量及身份

1.定向人数不得超过35人

《非上市公众公司监督管理办法》第39条规定，"定向发行包括向特定对象发行股票导致股东累计超过200人，以及股东人数超过200人的公众公司向特定对象发行股票的两种情形。"

上面条文中的"特定对象"主要包括符合投资者适当性管理规定的自然人投资者、法人投资者和其他的经济组织、公司的董事、监事、高级管理者等核心成员、公司股东。

值得注意的是，发行对象的确定应符合"投资者合计不得超过35人"的规定。在实际操作中，有挂牌企业每天向不超过35人定向发行，如此连续发行三天的情况，所以35人的条款暂可忽略，重要的是股东人数不得超过200人。另外，在公司对核心员工进行认定时，公司董事会提名后向全体员工进行公示和征求意见，监事会对核心员工认定发表意见，最后经股东大会审议批准。

2.合格投资者认定

对于合格投资者的认定，主要包括机构投资者、自然人投资者和金融产品几个方面。

（1）机构投资者

实缴出资总额500万元以上的合伙企业和注册资本500万元人民币以上法人机构。

（2）自然人投资者

该自然人具有两年以上证券投资经验或具有会计、金融、投资、财经等相关专业背景或培训经历且名下前一交易日日终证券资产市值500万元人民币以上（证券资产包括客户交易结算资金、股票、基金、债券、券商集合理财产品等）。

（3）金融产品

投资者可通过金融产品进行投资。证券投资基金、集合信托计划、保险资金、银行理财产品、证券公司资产管理计划以及由金融机构或监管部门认可的其他机构管理的金融产品或资产都属于此类金融产品的范围。

二、定向增资制度设计

新三板定向增发的制度设计比较自由灵活，主要体现在储架发行、无限售期要求和豁免申请核准等三个方面。

（一）储架发行

储架发行制度是指一次核准、多次发行的再融资制度。是一项关于公众公司再融资行为的特殊流程规定，与传统的发行机制相比，储架发行并非每次发行都要重新注册的。这种制度提高融资的灵活性、大大简化注册的程序，提升市场效率，降低融资成本。

《非上市公众公司监督管理办法》对储架发行有具体规定：

1.公司申请定向发行股票，申请一次批准，可分期发行；

2.自中国证监会予以核准之日起，公司首期发行应当在3个月内，剩余数量应当在12个月内发行完毕。如果在文件规定的有效期内没有发行，再次发行需要重新经过中国证监会核准；

3.首期发行数量应当等于或多于总发行数量的50%，公司自行确定剩余各期发行的数量，向中国证监会报备的时间应该在每期发行后5个工作日内。

（二）定向增发股份无限售期要求

根据最新的业务规则，新三板增资后的新增股份限售期没有特约规定，股东可以随时转让。定向增发对象自行做出有关股份限售方面的特约规定的除外。

无限售期要求针对除公司的董事、监事、高级管理人员之外的股东而言。公司的董事、监事、高级管理人员所持新增股份应按照《公司法》第142条的规定进行限售：

在主板、创业板及中小板市场上，公司董事、监事、高级管理人员持有的本公司股票有一年的锁定期，实际控制人所持有的股票锁定期长达三年。在新三板市场，公司董事、监事、高级管理人员应就持有的本公司的股份及其变更情况向公司进行申报，在任职期间每年转让的股份不得超过其所持有本公司股份总数的百分之二十五；所持本公司股份自公司股票上市交易之日起一年内不得转让。上述人员离职后半年内，不得转让自己所持有的本公司股份。

（三）豁免申请核准

《非上市公众公司监督管理办法》规定，"股东人数不超过200人申请挂牌公开转让，挂牌公司定向发行后累计持有人不超过200人等两种情况豁免证监会核准，仅由全国股转系统进行自律审查。"

按照上述规定，获得豁免核准的公司可在主办券商推荐下，直接向全国股转系统申请挂牌。证监会对其不再进行审核和出具批复文件。随着企业的发展，股东人数一旦超过200人，《非上市公众公司监督管理办法》就会对其提出规范性政策要求，纳入监管。

新修订的《办法》中规定，对于依法需要证监会核准的事项，证监会在20个工作日内完成审核后，给出四类审核意见，分别是核准、中止审核、终止审核、不予核准。除此之外，不再要求公司提供交易场所的审查意见。在《办法》中对企业财务报告披露时间不再做要求，公开转让的公众公司按照全国股转系统的有关规定进行财务报告的披露，其他公众公司可就披露时间进行自行规定。

第三节　定向增发合法合规问题及解决方案

很多中小企业选择挂牌新三板，是因为新三板的融资功能尤其是定向增发的融资渠道优势明显。据有关资料显示，2014年1月至2015年3月，股转系统网站发行次数高达545次，募集人民币总金额达到210.23亿元。

新三板在受到市场大为追捧的同时，定向增发的合法合规性问题也接踵而来。本节内容结合《全国中小企业股份转让系统发行业务指引第4号——法律意见书的内容与格式》和全国中小企业股份转让系统发布的工作指引、业务细则的相关规定，对定向增发合法合规问题进行了整理和分析，希望能够给读者提供借鉴。

一、豁免申请核准

《非上市公众公司监督管理办法》（以下简称《监管办法》，2013年修订）第45条规定："在全国中小企业股份转让系统挂牌公开转让股票的公众公司向特定对象发行股票后股东累计不超过200人的，中国证监会豁免核准，由全国中小企业股份转让系统自律管理，但发行对象应当符合本办法第三十九条的规定"。

依据以上条文规定，律师核查企业是否具有豁免审核权，只需要对发行人股东人数进行确定即可。发行人股东人数没有超过200人、发行人本次发行完成后股东累计不可能超过200人的，具备豁免审核条件，企业可向全国中小企业股份转让系统公司申请备案。

二、发行对象适当性要求

依据《监管办法》第三十九条规定，符合投资者适当性管理规定的自然人投资者、法人投资者及其他经济组织、公司股东；公司的董事、监事、高级管理人员、核心员工等属于挂牌公司增发股票的发行对象。

在对发行对象进行确定时，律师需要对投资者适当性及参与定向发行人数两个角度进行审核。

（一）除现有股东、公司董、监、高及核心员工以外的认购对象，是否符合投资者适当性制度要求

根据《全国中小企业股份转让系统投资者适当性管理细则（试行）》的规定，认购对象（除现有股东、公司董、监、高及核心员工以外）应当符合下列要求：

1.实缴出资总额500万元人民币以上的合伙企业；

2.注册资本500万元人民币以上的法人机构；

3.银行理财产品、集合信托计划、证券投资基金、证券公司资产管理

计划以及由金融机构或者相关监管部门认可的其他机构管理的金融产品或资产；

4.具有两年以上证券投资经验或具有会计、金融、投资、财经等相关专业背景或培训经历且本人名下前一交易日日终证券类资产市值500万元人民币以上的自然人。

在确定发行对象是否符合投资者适当性制度规定时，对自然人投资者，要核查其证券交易账户的交易记录；对机构投资者要对其营业执照、工商登记信息等资料进行核查。同时，公司要在确认发行对象的身份、确定发行对象符合相关法律法规和公司的相关规定后，与之签订包含风险揭示条款的认购协议。

针对公司发行对象中的机构投资者和现有股东，律师应该按照有关规定对其核查是否存在私募投资基金或私募投资基金管理人。是否按照相关规定进行了登记备案，并将核查对象、核查方式、核查结果的相关说明体现在法律意见书中。

（二）发行对象中除现有股东外人数是否超过35人

根据《监管办法》规定，发行对象认购人数累计不得超过35人。这里的发行对象包括发行人董事、监事、高级管理人员、核心员工及其他投资者，现有股东不计在内。其中，认定员工是否为核心员工，应当先由公司董事会进行提名，然后向全体员工公示和征求意见，监事会发表明确意见后，最后由股东大会审议批准。

这种对发行对象的认定方法，将董事、监事、高级管理人员、核心员工列入发行对象，使其利益和股东利益绑定，既鼓励了这些人员持股，激发了工作热情，又将道德风险降低。使核心员工成为公司股东，更有助于核心业务团队的稳定和公司治理机制的完善。此外，35名认购投资者的名额中不包括公司股东，实际上是对认购对象数量的扩大。

三、发行过程及结果合法合规性

对发行过程和结果的合法合规性，律师应该核查以下事项：

（一）董事会、股东大会关于股票发行通知、召开等议事程序是否合规

《发行业务细则》第四十一条规定："公司董事会应当依法就本次股票发行的具体方案作出决议，并提请股东大会批准，股东大会决议必须经出席会议的股东所持表决权的2/3以上通过。定增的发行方案需要经过董事会、股东大会决议并将相关文件予以公告披露，股东大会要求律师见证并出具专项法律意见书，同时核查相关会议通知、决议等会议文件。"

律师可以就相关会议通知、决议等会议文件进行核查。视情况决定是否出具专项法律意见书，股东大会并未强制要求。

（二）关注股票发行是否涉及关联交易，涉及关联交易的是否执行了公司章程及关联交易管理规定的表决权回避制度

根据《主办券商尽职调查工作指引》，关联方和关联交易的认定主要依据是财政部颁发的《企业会计准则36号》第3、4、5、6条相关规定进行认定。

在核查过程中，律师应当将公司的章程及相关管理制度、公司挂牌时对

关联方范围的确定和对认购对象尽职调查的结果三者结合起来，对关联方以及关联交易的认定进行审慎评判。核查关联方在进行董事会、股东大会表决时，是否按照有关规定进行了回避。

（三）股票发行是否有存在股票限售的安排

根据《公司法》第一百四十一条规定："公司董事、监事、高级管理人员应当向公司申报所持有的本公司的股份及其变动情况，在任职期间每年转让的股份不得超过其所持有本公司股份总数的百分之二十五；所持本公司股份自公司股票上市交易之日起一年内不得转让。上述人员离职后半年内，不得转让其所持有的本公司股份"。

《全国中小企业股份转让系统业务规则》（以下简称《业务规则》）中规定："挂牌公司控股股东及实际控制人在挂牌前直接或间接持有的股票分三批解除转让限制，每批解除转让限制的数量均为其挂牌前所持股票的三分之一，解除转让限制的时间分别为挂牌之日、挂牌期满一年和两年"。

由上可见，实际控制人和控股股东在解除股票转让限制时，遵守的"两年三批"规定是监管部门对限售要求的放松。在《业务规则》和《发行业务细则》中，没有出现有关对公司董事、监事、高级管理人员所持股份及定增股份的限售期要求，实际控制人及股东可将股票随时转让。

（四）发行人是否按照股转公司相关信息披露的规则履行了信息披露义务

《发行业务细则》第25条规定："挂牌公司应当在董事会和股东大会通过股票发行决议之日起两个转让日内披露董事会、股东大会决议公告"；第

27条规定："挂牌公司应当在披露董事会决议的同时，披露经董事会批准的股票发行方案"；第28条规定："挂牌公司应当在缴款期前披露股票发行认购公告，其中应当披露缴款的股权登记日，投资者参与询价、定价情况，股票配售的原则和方式及现有股东优先认购的安排（如有），并说明现有股东及新增投资者的缴款安排"。

在核查发行人是否按照相关规定履行信息披露义务时，律师应结合发行人股东大会和董事会召开情况、《发行业务细则》、股转系统网站中关于发行人的公告（披露事项和时间需格外注意）等信息进行综合核查。

（五）认购对象是否按照发行方案确定的认购股票数、发行价格、认购方式完成认购

律师应仔细核查发行人公告的发行方案，发行对象以非现金资产认购的，具有证券、期货相关业务资格的会计师事务所、资产评估机构应对其进行过审计或评估；如果以股权资产认购，应具备会计师事务所出具的审计报告（审计截止日距审议该交易事项的股东大会召开日不得超过六个月）。如果是以股权以外的其他非现金资产进行认购的，应具备资产评估事务所出具的评估基准日距审议该交易事项的股东大会召开日不得超过一年的评估报告。

发行对象以现金认购的，律师应对其缴款依据和会计师事务所的资质和验资报告等书面文件进行核查。如果资产交易价格以资产评估结果为依据，挂牌公司董事会应当在评估机构出具资产评估报告后，对评估方法的适用性、主要参数的合理性、评估假设前提、评估机构的独立性、评估结论的合理性、未来收益预测的谨慎性等问题发表意见。如果资产交易是以经审计的

账面价值为依据定价，那么挂牌公司董事会应结合相关资产的盈利能力对定价的公允性进行说明。

四、现有股东优先认购安排

根据《发行业务细则》第8条规定："挂牌公司股票发行以现金认购的，公司现有股东在同等条件下对发行的股票有权优先认购，每一股东可优先认购的股份数量上限为股权登记日其在公司的持股比例与本次发行股份数量上限的乘积"。

首先，律师应在结合发行人的公司章程的基础上，核查发行方案中对优先认购的安排是否合规合法。安排现在股东优先认购，应具备对优先认购相关程序及认购结果的说明；如果股东放弃优先购买权，应该具备股东放弃优先购买权的申明、承诺等书面文件；依据公司章程排除适用的，也要有对此情况的说明。

五、对以非现金资产认购发行股份的说明

如果认购对象以非现金资产进行股份的认购，则要注意：非现金资产是否存在资产权属不清或者其他妨碍权属转移的法律风险；涉及需呈报有关主管部门批准的，是否具备已获得有效批准的说明；需要取得许可资格或资质的资产相关业务，要对其是否具备相关许可资格或资质进行说明；没有取得完备权属证书的标的资产，应对取得权属证书是否存在法律障碍进行说明。

六、与本次股票发行相关的合同等法律文件合法合规性

对发行对象与发行人签订的《投资协议》（股票认购合同）进行核查，看内容中是否包括了附生效条件的条款。如果发行人的关联方成为发行对象，为了不影响股东大会和董事会对《投资协议》的表决时执行回避表决，每一发行对象的《投资协议》应分别签订。

第四节　其他融资实务

一、中小企业私募债

（一）新三板推动中小企业私募债业务

中小企业私募债业务是指中国中小微企业在境内市场以非公开方式发行，并且发行利率不超过同期银行贷款基准利率三倍，期限在一年以上（含一年）的融资方式。中小企业私募债业务自由度非常高，对发行人没有净资产和盈利能力限制，属于一种完全市场化的公司债券。

据相关数据统计，从2012年6月至2015年4月，沪深两市中的中小企业私募债共发行648只，发行总额为906.30亿元。中小企业私募债在整体发行数量和发行总额上呈现增长态势，但是由于其偿付风险较高、没有政府背书和风险兜底的特点，其发行增长率日益走低。

2014年8月末，证监会针对中小企业私募债信息不透明、担保能力有限等情况，贯彻落实了《国务院关于多措并举缓解企业融资成本高问题意见的具体措施》（即"国发39号文"）。在此文中，证监会表明将对直接融资进行大力发展，将中小微企业融资渠道进一步拓宽，并明确规定了新三板挂牌企业成为中小企业私募债发行主体。"国发39号文"的发布，对新三板的发展起到了积极推动作用，9月1日，新三板推行了中小企业私募债和优先股，并制定了挂牌公司发行私募债的相关规定。为了使新三板的私募债业务变得更加安全、可靠，新三板在信息披露和风险控制上做出了创新管理。

（二）中小企业私募债发行流程

根据《关于印发中小企业划型标准规定的通知》的规定，中小企业发行私募债应该遵守的章程有以下几个方面：

1.公司决议

企业申请发行私募债券，首先发行人董事会制定方案，然后由股东会或股东大会做出的决议有：发行债券的名称；本期发行总额、票面金额、发行价格、期限、利率确定方式、还本付息的期限和方式；承销机构及安排；募集资金的用途及私募债券存续期间变更资金用途程序；决议的有效期；对董事会的授权事项。

2.尽职调查

证券公司作为承销商，应履行相应职责，结合发行人情况开展相关尽职调查工作。承销商应当按照交易所的有关规定编制私募债券发行材料并报送交易所进行备案。

需要注意的是，由于备案材料要求发行人提供具有执行证券、期货相关业务资格的会计师事务所审计的最近两个完整会计年度的财务报告，因此需发行人提前与会计师事务所联系审计事宜；主承销商可与其他中介机构一同进行尽职调查工作，发行人根据主承销商提供的尽职调查清单准备材料。

3.备案发行

交易所对备案材料进行完备性核对。如果备案材料完备，交易所会在接受材料之日起10个工作日内出具《接受备案通知书》；发行人取得《接受备案通知书》后，应该在6个月内完成发行。逾期未发行的，进行重新备案；两个或两个以上的发行人可以采取集合方式发行；合格投资者认购私募债券应签署认购协议。私募债券发行后，发行人应在中国证券登记结算有限责任公司办理登记。

4.转让服务

私募债券以现货及交易所认可的其他方式转让（证监会批准）。合格投资者可通过证券公司或交易所综合协议交易平台进行私募债券转让；交易所按照申报时间先后顺序对私募债券转让进行确认，如果私募债券投资者超过200人，则对该转让不予确认；中国证券登记结算有限责任公司根据交易所数据进行清算交收。

（三）中小企业私募债发行条件

按照《关于印发中小企业划型标准规定的通知》的有关规定，中小企业私募债发行公司应当建立完备的投资者适当性制度，并满足以下条件：

1.拥有参与本公司发行私募债券的认购与转让资格的有：发行人的董事、监事、高级管理人员及持股比例超过5%的股东。承销商可参与其承销私募债券的发行认购与转让；

2.证券公司应履行相关职责，要求合格投资者在首次认购或受让私募债券前，签署风险认知书，承诺具备合格投资者资格，知悉私募债券风险，将依据发行人信息披露文件进行独立的投资判断，并自行承担投资风险；

3.证券公司应当建立完备的投资者适当性制度，确认参与私募债券认购和转让的投资者为具备风险识别与承担能力的合格投资者。证券公司应当了解和评估投资者对私募债券的风险识别和承担能力，充分揭示风险。

二、企业信用贷款

在新三板不断发展的同时，银行逐步向新三板放宽政策。为了解决新三板挂牌企业因为没有固定资产抵押从而无法获得银行贷款融资的难题，众多银行依次推出了挂牌企业专项小额贷款产品。目前中国新三板已经和多家国有商业银行、股份制银行联手合作，为挂牌企业提供独特的股票质押贷款服务，这一举措使新三板挂牌企业融资灵活性大大增加。

为了配合新三板扩张步伐，多家银行纷纷推出新三板专属产品。比如企业贷款保证保险产品、企业信用贷款等。这一积极举措使挂牌公司的融资变得更加快捷、方便。

（一）企业贷款保证保险产品

贷款保证保险是一款银行推出的、以企业自身信用作为保险标的、由保险公司来为企业的偿还能力做出保证，以便中小微企业能够获得银行贷款的产品。对于获得银行贷款后，企业无法如期偿还的情况，保险公司将承担相应的赔偿责任。

为推动新三板挂牌企业的发展，各级政府对各个地方园区经常有补贴政策出台，补贴时间上不可避免的滞后性，使银行贷款保证保险产品的推出有了契机，使企业有了及时、便捷的资金周转时的授信支持。

（二）企业信用贷款办理

1.满足申请条件

企业信用贷款为企业提供在扩展不同业务时所需的足够的资金支持，办理便捷，以流动资金形式出现，无须抵押、无须担保、期限灵活、放款迅速，可帮助企业顺利发展。银行不同，所推出的企业信用贷款业务在申请标准规定上也有所不同，但申请条件大致相同，比如，企业成立时间满三年；企业最近半年的开票额，要求有至少150万的开票额（增值税发票）。还要求有最近两年的报表，最近一个月的月报表，近6个月的发票情况。申请人近三个月的个人贷款不能逾期、企业的负债率不能超过60%至70%，即企业负债总额占企业资产总额的比例不能超过60%至70%。

2.递交申请材料

为了证明企业的合法性以及具备偿还能力，具备申请条件的企业还需要向银行递交申请资料，包括：企业营销执照、税务登记证、组织机构代码证、最近验资报告、近六个月增值税或所得税缴税证明、近一年财务报表、企业近六个月的银行对账单等；企业主要成员与拥有超过15%企业股份的持股人员身份证或护照。

3.进入申请流程

具备申请条件的企业在准备好申请材料，向银行递交申请后，正式进入办理流程。首先由借款人向银行提出贷款申请，并递交准备的相关材料。其次银行经过审批后同意企业申请，借款人和担保人与银行签订借款合同和担保合同，经过银行审核无误后，按照规定办理放款手续，将批准的贷款划入借款人在银行办理的账户；然后借款人在收到划款后，在约定的时间内归还贷款本息；最后在贷款全部还清后，按照规定办理撤押手续。

为了能够有效弥补政府补助时间上的空白期，使新三板挂牌企业能够在资金得到有效保障的基础上快速发展，银行在充分了解新三板的前提下，为新三板挂牌企业制定了比较符合自身情况的金融产品。

三、优先股制度

2014年9月19日，中国证监会发布了《非上市公众公司信息披露内容与格式准则第7号——定向发行优先股说明书和发行情况报告书》《非上市公众公司信息披露内容与格式准则第8号——定向发行优先股申请文件》等与非上市公司发行优先股相关信息的披露文件。这一举措为新三板优先股的发行与交易提供了法律保障，对优先股定向发行环节信息披露的内容、格式以及申请文件进行了规范，确保了优先股制度的可靠性。

新三板优先股制度的推行标志着新三板的融资能力又上一个台阶。对于新三板投资者来说，优先股的出现可以为其提供一种优质投资渠道和资金退出时的新路径。对于挂牌企业，优先股制度的出现标志着融资选择项的增加。

（一）优先股定义

《公司法》规定，持有优先股的股东在分配公司利润和剩余财产时具有优先权，但是在实行参与公司决策管理等权利时会受到限制。

优先股相对普通股而言，它们的区分在于股东承担责任和享有权益的大小。通常优先股股东没有表决权，他们具有用经营决策方面的表决权以对价的方式来交换公司经济权益方面的优先权。这也是它被认为是一种混合型证券的原因。

（二）优选股制度对新三板的影响

1.优先股的出现将更广泛的非公司和境内注册的境外上市公司纳入到制度当中，使新三板挂牌企业的范围得到扩展。这种制度上的创新使其在实行市场化运作时得到了更充分的空间进行发挥；

2.《国务院关于开展优先股试点的指导意见》《优先股试点管理办法》以及证监会对非上市公司的批注指引等法律法规都明确规定了非上市公司发行优先股的条件。发行优先股的公司，必须是股东人数累积超过200人或者达到新三板挂牌公开转让要求的公众公司；

3.《非上市公众公司信息披露内容与格式准则第7号——定向发行优先股说明书和发行情况报告书》中明确提到了"以资产认购本次定向发行优先股、其资产为非股资产和股权"两种情况的披露形式。这项规定，使新三板挂牌企业之间以及新三板挂牌企业与其他企业之间开展并购和资产重组时的支付途径得到丰富；

4.优先股具有制度灵活以及股债混合的特点，它的出现完善了新三板的市场功能，为融资主体以及投资者提供了更多的投资选择，使新三板的市场地位得到进一步的巩固。

第六章

关于信息披露的法律原则性

第一节　信息披露的基本原则

信息披露是新三板市场发展的基础。拟挂牌企业在进行信息披露时必须严格遵守中国证监会、全国中小企业股份转让系统有限责任公司对信息披露的要求，将所有对公司股票及其他证券品种转让价格可能会产生较大影响的信息在规定的时间内、规定的媒体上、以规定的方式向社会公众公布，并按规定报送主办券商审查，然后在中国证监会指定的信息披露平台上进行公告。

公司报送及披露信息的内容和格式应符合相关法律、法规和《公司章程》规定的要求。披露信息应确保准确、真实、完整、及时，没有虚假记载、严重误导性的陈述或重大的遗漏。

一、信息披露总体要求

挂牌前，各中介机构应各尽其职，在对企业新三板挂牌辅导的过程中以专业的眼光、充分的分析，做到全面细致的尽职调查，使公司情况得以更全面的披露。将公司业务，合法合规性，财务规范性，财务指标与会计政策、估计，财务与业务匹配性，关联交易，同业竞争，持续经营能力，财务、机构、人员、业务、资产的分开等情况真实、准确、完整地呈现给公众。

企业挂牌新三板后，券商负责企业信息披露事宜，应切实起到督导作用。同时，企业应指定一名高级管理人员（或董事会秘书）专门负责和股转公司的对接及企业的信息披露事宜。公司的重大事件应及时予以披露，如果不及时，将面临股票暂停转让或被摘牌的危险。

二、信息披露具体内容

公司应当披露的信息文件主要包括定向发行说明书、公开转让说明书、定期报告和临时报告等。

（一）定期报告

公司应当披露的定期报告有：年度报告、半年度报告，还可以披露季度报告。

拟挂牌企业披露季度报告时间应该在每个会计年度前三个月、九个月结束后的一个月内披露。半年度报告的披露时间应该在每个会计年度的上半年结束之日起两个月内披露。年度报告应该在每个会计年度结束之日起四个月内编制并披露。需要注意的是，上一年的年度报告要早于第一季度报告的披露时间。

年度报告内容应包括：公司基本情况；最近一年的股本变动情况及报告期末已解除限售登记股份数量；最近两年主要财务数据和指标；股东人数，

前十名股东及其持股数量、报告期内持股变动情况、报告期末持有的可转让股份数量和相互间的关联关系；董事、监事、高级管理人员、核心技术人员及其持股情况；董事会关于经营情况、现金流量和财务状况的分析，以及利润分配预案和重大事项介绍；审计意见和经审计的利润表、资产负债表、所有者权益变动表和现金流量表以及主要项目的附注。其中，公司年度报告中的财务会计报告必须经过具有证券、期货相关业务资格的会计师事务所审计。

公司半年度报告包括：公司基本情况；股东人数，前十名股东及其持股数量、报告期内持股变动情况、报告期末持有的可转让股份数量和相互间的关联关系；董事、监事、高级管理人员、核心技术人员及其持股情况；董事会关于经营情况、财务状况和现金流量的分析，以及利润分配预案和重大事项介绍；报告期的主要财务数据和指标；股本变动情况及报告期末已解除限售登记股份数量；利润表、资产负债表、所有者权益变动表和现金流量表及主要项目的附注。

（二）临时报告

临时报告是指公司按照法律法规和全国股份转让系统公司有关规定发布的除定期报告以外的公告。

公司临时报告的披露，应遵守全国股份转让系统公司制定的临时公告格式指引和《信息披露细则》规定的要求进行。如果相关事实还没有发生，临时报告应客观公告既有事实。相关事实发生后，临时报告应就事项进展或变化情况进行披露。

董事会或者监事会做出决议、公司（含任一董事、监事或者高级管理人员）知悉或者理应知悉重大事件发生时、签署意向书或者协议（无论是否附加条件或者期限）时，上面任一时点触及临时报告所涉及的重大事件时，公司应及时履行首次披露义务。

公司履行首次披露义务的情形还包括：对公司股票转让价格可能产生较大影响的重大事件正处于筹划阶段时，出现难以保密的事件；该事件已经泄漏或者市场出现有关该事件的传闻；公司股票及其衍生品种交易已发生异常波动。

公司召开董事会会议、监事会会议，应当在会议结束后及时将经与会董事签字确认的决议（包括所有提案均被否决的董事会决议）和经与会监事签字的决议向主办券商报备。其中涉及《信息披露细则》规定的应当披露的重大信息，公司应当以临时公告的形式及时披露；董事会会议决议中如果涉及到根据《公司章程》规定应当提交经股东大会审议的对外投资（含委托理财、委托贷款、对子公司投资等）的、收购与出售资产的，公司应当在决议后及时以临时公告的形式进行披露。

（三）关联交易披露

根据《信息披露细则》《××××股份有限公司关联交易管理办法》的规定，挂牌公司应当披露的关联交易情况包括：

1.对于每年发生的日常性关联交易，挂牌公司应当在披露上一年度报告之前，对本年度将发生的关联交易总金额进行合理预计，提交股东大会审议并披露；

2.公司发生的预计范围内的关联交易，公司应当将其进行分类，并在年度报告和半年度报告中列表披露执行情况；

3.实务中，如果发生预计关联交易金额超过本年度关联交易预计总金额的情况，公司应当依据《公司章程》就超出金额所涉及事项向董事会或者股东大会提交审议并进行披露；

4. 股东大会审议除了日常性关联交易之外的其他关联交易，并以临时公告的形式对之进行披露。

三、信息披露的程序

信息披露的制度的建立、与新闻媒体及投资者进行沟通、对相关来访进行接待、就信息披露工作联系董事和股东、将公司公开披露的资料提供给投资者等都属于信息披露事务。

信息披露的程序，主要分为以下两个方面。

（一）定期报告的编制、审议、披露程序

1. 定期报告草案由总经理、财务负责人等高级管理人员及信息披露事务负责人及时编制，提请董事会审议；

2.定期报告送达董事审阅，送达人为信息披露事务负责人；

3. 董事会会议由董事长负责召集和主持，会议上进行定期报告的审议；

4. 监事会负责审核董事会编制的定期报告；

5.信息披露事务负责人负责组织；

6.董事、监事、高级管理人员随时关注和跟进定期报告的编制、审议和披露工作，公司如果出现可能影响定期报告按期披露的情况，应及时向董事会报告。

定期报告文稿完成后，信息披露事务负责人将其通报给公司董事、监事和高级管理人员，然后进行定期报告的披露。

（二）重大事件的报告、传递、审核、披露程序

1.公司发生重大事件时，公司董事、监事、高级管理人员应在第一时间向董事长报告，并通知信息披露事务负责人，董事长应当立即向董事会报告，事务负责人在董事长的督促下做好相关信息披露工作；

2.公司各部门和子公司发生重大事件时，负责人应当及时向信息披露事务负责人进行报告；

3.公司对外签署涉及重大事件的合同、备忘录等文件时，需提前告知信息披露事务负责人，并由其进行确认，如没能事前确认，应在相关文件签署后立即报送董事会办公室和信息披露事务负责人。

相关人员应及时关注上述事项的进展，一旦发生情形变化，需及时向信息披露事务负责人和董事长进行报告。接到报告后，信息披露事务负责人及时做好此类事件的披露工作。董事会办公室负责临时文件文稿的草拟，信息披露事务负责人进行文稿审核工作，临时公告应该第一时间通报给公司董事、监事和高级管理人员。

五、信息披露的权限和责任划分

（一）董事会统一领导和管理

公司信息披露工作在董事会的统一领导和管理下进行。董事长为第一

责任人。董事会全体成员负有连带责任。董事会、监事会和公司管理层应在有效机制的作用下确保信息披露事务负责人及时获悉重大信息，保证信息披露的及时性、公平性、准确性和完整性。公司总经理、副总经理、财务负责人、董事和董事会、监事和监事会等高管人员积极配合信息披露工作，为董事会办公室和信息披露事务负责人履行信息披露职责提供帮助。

（二）信息披露事务负责人负有直接责任

信息披露事务负责人是主办券商和公司间的指定联络人，对信息披露工作负有直接责任。其负责事项包括：对主办券商、中国证监会或全国股份转让系统公司要求的文件进行准备和递交。及时完成证券监管机构布置的任务。对公司信息的保密工作负责，并据此制定保密措施。一旦发生内幕信息泄露事件，应对此进行说明和澄清，并在第一时间采取相关补救措施，然后将该事项向中国证监会和全国股份转让系统公司进行报告。对信息披露事务进行组织和协调，将披露信息汇总后向董事会报告，对媒体关于公司的报道保持时刻关注，并对报道的真实情况有主动求证义务。

第二节 信息披露审核要点及注意事项

一、新三板信息披露审核要点

一旦发生涉案金额占公司最近一期经审计净资产绝对值10%以上的重大诉讼、仲裁事项，拟挂牌公司应予以及时披露。

自发生之日起2个转让日内应进行披露的情况包括以下几种：

（一）公司实际控制人或控股股东发生变更；

（二）实际控制人、控股股东或者关联方占用资金；

（三）公司总经理或董事长无法履行职责，董事、监事、高级管理人员发生变动；

（四）公司任一股东所持股份被质押、冻结、司法拍卖、设定信托、托管或者被依法限制表决权，且持股份额达到公司5%以上的；

（五）法院裁定禁止有控股权的大股东转让其所持股份；

（六）公司减资、合并、分立、解散及申请破产或者进入破产程序、被责令关闭；

（七）董事会就并购重组、定向发行股票、股利分派、回购股份或者其他证券融资方案、股权激励方案形成决议；

（八）对外提供担保（挂牌公司对控股子公司担保除外）；

（九）会计师事务所、会计政策、会计估计发生变更情况；

（十）因前期已披露的信息存在差错、未按规定披露或者虚假记载，被有关机构责令改正或者经董事会决定进行更正；

（十一）公司及其董事、监事、公司控股股东、实际控制人、高级管理人员在报告期内存在受到有权机构调查、中国证监会稽查或行政处罚、被移送司法机关或追究刑事责任、证券市场禁入、司法纪检部门采取强制措施、收到对公司生产经营有重大影响的其他行政管理部门处罚；

（十二）主办券商或者全国股份转让系统公司认定的其他情形。

二、信息披露责任主体在履行披露义务时的注意事项

按规定进行信息披露，是每个信息披露责任主体的责任。除了遵守股转系统规则要求之外，不同类型的信息披露义务主体要结合自身特点，进行相关违规行为的防范。

（一）挂牌公司的注意事项

公司履行信息披露义务，除了要做到真实、及时、全面、充分外，还应注意以下方面：

1.公司应详细了解《信息披露细则》，对按规定应当披露的重大信息做

到不遗漏、不错报；

2.为了避免遗漏重要的文件附件，公司在公布信息披露文件前要对其进行仔细核对；

3.公司在确定披露信息行为是否需要经过中国证监会和股转系统的核准后，再进行相关信息的披露；

4.公司对所涉及的重大事件最先触及下列任一时点后及时履行首次披露义务：该事件难以保密；市场出现有关该事件的传闻或该事件已经泄露；公司股票及其衍生品种交易已发生交易价格异常波动；

5.目前，我国新三板信息披露实行主办券商审查制。公司应多加强与主办券商的沟通交流，尤其在遇到不确定的问题时，要多咨询主办券商的观点。选择的主办券商勤勉尽责，将会对公司治理结构的规范运行及信息披露起到积极作用；

6.新三板官方网站（http://www.neeq.cc）及微信公众号（"全国股转系统"）等平台载有新三板的业务规则、相关法律法规、股转系统的最新公告等信息，公司应该保持对这类平台的时刻关注，这样有利于减少违规情形、更好地履行股转系统要求履行的相关义务。

（二）信息披露义务人的注意事项

据《信息披露细则》相关规定，申请挂牌公司、挂牌公司及其董事（会）、监事（会）、股东、实际控制人、高级管理人员、收购人等都属于信息披露义务人。其中，最关键的承担义务主体为公司实际控制人和董事会秘书。

在进行信息披露时，董事会秘书或其他信息披露直接责任人应对应披露的各类事项及披露时间做到了然于胸，如果发生对公司股票及其他证券品种转让价格可能产生较大影响的信息，要做到及时、公平、全面地披露。并保证信息披露内容的真实、准确、完整。公司实际控制人应对信息披露工作勤勉尽责，不得采取干预、操纵或使用其他不正当手段来干扰公司信息披露工作。

（三）中介机构的注意事项

在信息披露工作中，督促企业认真履行相关义务是中介机构的主要任务之一。中介机构必须勤勉尽责，一旦失职，不仅会导致服务企业的违规，自己也要承担相应责任。

会计师事务所在信息披露工作中，应本着勤勉尽责的态度，对相关文件和数据进行审慎调查和核对，以保证所提供的审计报告完整无误。

根据《业务规则》《信息披露细则》中的相关规定，主办券商应与公司签订《持续督导协议》，并切实履行督导职责，严格审查公司向股转系统报送的文件，和公司多沟通交流，使其了解信息披露工作的重要性，在获得公司重要事项信息的同时，监督避免公司发生因不熟悉业务规则违规的现象。

第七章

新三板热点法律问题解析及处理方法

一、公司成立两年的计算方法

公司存续两年是指存续两个完整的会计年度。根据中华人民共和国会计法（1999修订），会计年度自公历1月1日起至12月31日止。因此两个完整的会计年度实际上指的是两个完整的年度。

有限责任公司按原账面净资产值折股整体变更为股份有限公司的，可以从有限责任公司成立之日起计算存续时间。整体变更不应改变历史成本计价原则，不应根据资产评估结果进行账务调整，应以改制基准日经审计的净资产额为依据折合为股份有限公司股本。申报财务报表最近一期截止日不得早于改制基准日。（审计报告的有效期6个月，特殊情况可以延长1个月）改制基准日，申报基准日（1月31日、2月28日、3月31日、4月30日、5月31日、6月30日、7月31日、8月31日、9月30日、11月30日、12月30日）

二、改制时资本公积、未分配利润转增股本税务问题

企业改制时，资本公积［资本（或股本）溢价、拨款转入、接受现金捐赠、外币资本折算差额和其他资本公积等］盈余公积及未分配利润转增股本按自然人股东和法人股东两种情况进行区别纳税。

（一）自然人股东

资本公积转增股本暂时不征收个人所得税；盈余公积及未分配的利润转增股本时应当缴纳个人所得税。

（二）法人股东

资本公积转增股本时不缴纳企业所得税；盈余公积及未分配利润转增股本虽视同利润分配行为，但法人股东可不需要缴纳企业所得税；如果法人股东适用的所得税率高于公司所适用的所得税率时，法人股东需要对所得税的差额部分进行补缴。

三、未成年人可否成为公司股东问题

关于未成年人能否成为公司股东问题，国家工商行政管理总局的答复（工商企字〔2007〕131号）：《公司法》对未成年人能否成为公司股东没有作出限制性规定。所以，未成年人可以成为公司股东（注：未成年人股东通过继承取得公司股份），其股东权利可由法定代理人代为行使。

接班人问题：遗产税（家族控制企业一并考虑股权结构的调整，既考虑接班人问题，也考虑遗产税的问题）。

四、亏损公司是否可以改制并在新三板挂牌转让

《公司法》第九十六条，"有限责任公司变更为股份有限公司时，折合的实收股本总额不得高于公司净资产额"。其中，公司股改时，在股东出资已经全部缴纳的情况下，注册资本=实收资本；有关净资产折股方法，实践中，股改折股比例高于1∶1（1元以上净资产折1股）。除公司法第九十六条的规定，相关法规并没有对净资产折股比例做出规定；实收资本高于净资产的情况，需要进行股东通过或者减资、溢价增资、捐赠（税务问题）等方式

进行弥补。

五、企业改制重组有关契税、营业税、土地增资税处理

（一）《财政部、国家税务总局关于自然人与其个人独资企业或一人有限责任公司之间土地房屋权属划转有关契税问题的通知》（财税〔2008〕142号）

（二）财政部、国家税务总局《关于企业事业单位改制重组契税政策的通知》（财税〔2012〕4号）

（三）《关于纳税人资产重组有关营业税问题的公告》（国家税务总局公告2011年第51号）

（四）财政部、国家税务总局《关于土地增值税一些具体问题规定的通知》（1995年5月25日财税字〔1995〕48号）

在企业兼并中，对被兼并企业将房地产转让到兼并企业中的，暂免征收土地增值税。对于以房地产进行投资、联营的，投资联营的一方以土地（房地产）作价入股进行投资或作为联营条件，将房地产转让到所投资、联营的企业中时，可暂免征收土地增值税。如果投资、联营企业将上述房地产进行再转让，应当征收土地增值税。

六、企业改制重组有关个人所得税处理

《关于股权转让所得个人所得税计税依据核定问题的公告》（2010年第27号），自然人转让所投资企业股权（份）（以下简称股权转让）取得所

得，按照公平交易价格计算并确定计税依据。

对于无正当理由且计税依据明显偏低的情况，主管税务机关可以采用本公告列举的方法进行核定。正当理由包括所投资企业连续三年以上（含三年）亏损；将股权转让给配偶、父母、子女、祖父母、外祖父母、孙子女、兄弟姐妹以及对转让人承担直接抚养或者赡养义务的抚养人或者赡养人；因国家政策调整的原因而低价转让股权；经主管税务机关认定的其他合理情形。

七、企业改制重组时有关股权支付的特殊税务处理

（一）《财政部国家税务总局关于企业重组业务企业所得税处理若干问题的通知》（财税〔2009〕59号）

（二）《国家税务总局关于发布〈企业重组业务企业所得税管理办法〉的公告》（国家税务总局公告2010年第4号）。

以股权收购方式收购企业购买的股权高于或等于被收购企业全部股权的75%、收购企业在该股权收购发生时的股权支付金额大于或等于其交易支付总额的85%且符合上述条件的，交易各方对其交易中的股权支付部分进行特殊性税务处理时可以参照的规定：被收购企业的股东取得收购企业股权的计税基础，以被收购股权的原有计税基础确定；收购企业、被收购企业的原有各项资产和负债的计税基础和其他相关所得税事项保持不变；收购企业取得被收购企业股权的计税基础，以被收购股权的原有计税基础确定。

八、国有股权的鉴定

国有股权的鉴定主要依据《企业国有资产法》中"企业国有资产，是指国家对企业各种形式的出资所形成的权益"及"国家出资企业，是指国家出资的国有独资企业、国有独资公司，以及国有资本控股公司、国有资本参股公司"的规定进行。此外，《企业国有产权转让管理暂行办法》《事业单位国有资产管理暂行办法》《企业国有资产评估管理暂行办法》等也可作为法律依据。

九、国有股投资的决策程序问题

国有股投资的决策程序问题依据的法律条文有《企业国有资产监督管理暂行条例》第二十八条及《企业国有资产法》第三十条、第三十三条。

《企业国有资产监督管理暂行条例》第二十八条规定："国有资产监督管理机构可以对所出资企业中具备条件的国有独资企业、国有独资公司进行国有资产授权经营。被授权的国有独资企业、国有独资公司对其全资、控股、参股企业中国家投资形成的国有资产依法进行经营、管理和监督。"

《企业国有资产法》第三十条规定："国家出资企业合并、分立、改制、上市，增加或者减少注册资本，发行债券，进行重大投资，为他人提供大额担保，转让重大财产，进行大额捐赠，分配利润，以及解散、申请破产等重大事项，应当遵守法律、行政法规以及企业章程的规定，不得损害出资人和债权人的权益。"

第三十三条规定："国有资本控股公司、国有资本参股公司有本法第三十条所列事项的，依照法律、行政法规以及公司章程的规定，由公司股东会、股东大会或者董事会决定。"

十、国有股投资与退出问题

《企业国有资产法》中对此类问题的诠释有：国有企业、国有控股企业及其各级子企业的资产评估，非国有控股企业涉及企业国有股权变动的资产评估，应进行评估核准或备案。

评估备案产权交易所交易时，《企业国有资产评估管理暂行办法》中规定：应当评估而未评估的由国有资产监督管理机构通报批评并责令改正，必要时可依法向人民法院提起诉讼，确认其相应的经济行为无效。

转让方、转让标的企业如果没有去履行相应的内部决策程序、批准程序或者超越权限、擅自转让企业国有产权的，以及没有在产权交易机构中进行交易的，国有资产监督管理机构或者企业国有产权转让相关批准机构应当要求转让方终止产权转让活动，必要时应当依法向人民法院提起诉讼，确认转让行为无效。

十一、国有土地使用权取得问题、集体建设用地、集体土地问题

根据国务院2006年8月31日发布的《关于加强土地调控有关问题的通

知》（国发〔2006〕31号）规定，工业用地必须走"招拍挂"程序。

2006年8月31日之后，通过协议出让方式取得国有土地使用权，仅限于《国土资源部、监察部关于进一步落实工业用地出让制度的通知》（国土资发〔2009〕101号）里的规定。处理方式分为两种情况，一种是由于城市的规划与调整、经济形势发生了变化、企业转型等原因，土地使用权人已依法取得的国有划拨工业用地补办出让、国有承租工业用地补办出让，符合规划并经依法批准，可以采取协议方式。另一种是政府实施城市规划进行旧城区改建，需要搬迁的工业项目符合国家产业政策的，经市、县国土资源行政主管部门审核并报市、县人民政府批准，收回原国有土地使用权，以协议出让或租赁方式为原土地使用权人重新安排工业用地。拟安置的工业项目用地应符合土地利用总体规划布局和城市规划功能分区要求，尽可能在确定的工业集中区安排工业用地。

由上可见，企业在2006年8月31日之后，取得国有土地使用权必须通过"招拍挂"方式，否则就属于违法获取。

十二、代验资问题

法律规定某些特殊行业的公司注册资本达到一定标准，才可以从事这个行业或参与到某些项目的招投标中，于是，有些公司就会找中介公司进行代验资。除此之外，一些创业初期阶段的公司也会找中介公司进行代验资。如果企业将验资进来的资金在拟挂牌公司的财务报表上以应收账款的形式进行长期挂账处理，而实际上，这笔资金在验资进来后就以很快的速度转给了中介公司提供的关联公司，这种情况就涉嫌虚假出资。

处理此类问题时，通常由公司股东将曾经代验资的款项归还给原中介机构，并由中介机构收回目前挂的应收账款。如果拟挂牌公司将代验资进来的注册资本通过做坏账消掉或者虚构合同的方式支付出去，则涉嫌虚假出资。在没有对社会和他人利益造成损害的情况下，中介机构本着审慎处理的原则，对此给出相关处理意见，公司根据此意见进行注册资本的补足。

十三、无形资产出资问题

（一）无形资产是否属于职务成果或职务发明

无形资产无论是以专利技术形式出资，还是以非专利技术的形式出资，只要形成时间是在股东公司任职期间内，那么股东都有可能涉嫌利用公司提供物质或者其他条件完成的该职务成果（职务发明），该专利技术或者非专利技术就属于职务成果（职务发明），归属权属于公司。

（二）无形资产出资是否与主营业务相关

股东拥有的专利技术或者非专利技术，评估出资到公司，但是后来由于公司主营业务发生变化或者其他原因，公司从未使用过该无形资产或者有些企业为了申报高新技术企业，创始股东与大学合作，购买与公司主营业务无关的无形资产，然后通过评估出资到公司。这两种行为涉嫌出资不实，需要通过减资程序来予以规范。

（三）无形资产出资是否已经到位

实践中，有些企业股东以无形资产出资到公司后，并没有在后续期间办理该资产过户手续，这种情形属于无形资产出资没有到位。通常可根据中介机构的意见在股改前进行整改规范。

十四、无形资产出资瑕疵规范

如果出现职务成果或职务发明通过评估、验资过户到公司的情况，相应的处理方法是通过减资程序进行规范，在财务上将已经减掉的无形资产做专项处理，并将通过减资置换出来的无形资产无偿赠送给公司使用。需要注意的是，在这种情况下，该无形资产研发费用不可以计提。

十五、职工持股会清理问题

（一）职工持股会召开理事会，做出关于同意会员转让出资（清理或解散职工持股会）的决议；

（二）职工持股会召开会员代表大会，做出关于同意会员转让出资（清理或解散职工持股会）的决议；

（三）转让出资的职工与受让出资的职工或投资人签署《出资转让协议》；

（四）受让出资的职工或其他投资人支付款项。

职工持股会清理的难点很多，比如职工持股会人数比较多，如果进行一一清理，逐一签署确认函或者进行公证，存在较大难度；部分职工对于出资转让价格期望值很高；拟挂牌公司在历史上没有按照公司章程发放红利，职工对公司的行为有意见，不愿配合；有些职工思想和认识不统一，不愿转让出资；职工持股会人员因工作调动、辞退、死亡等原因变动也较大，难以取得其对有关事项的确认或承诺；部分职工与准备挂牌公司存在法律纠纷，不愿配合职工持股会的清理工作。

在职工持股会历次股权转让和职工持股会清理过程中，需要注意股权转让价格是否合理、职工持股会的清理过程是否合法合规、股权转让履行的决策程序是否合规等情况。

十六、关联方披露

（一）按照财政部2006年颁布的《企业会计准则第36号——关联方披露（2006）》的规定，在企业财务和经营决策中，一方控制、共同控制另一方或对另一方施加重大影响，以及两方或两方以上同受一方控制、共同控制或重大影响的，构成关联方。

这里所说的控制指有权决定一个企业的财务和经营政策，并能据以从该企业的经营活动中获取利益。共同控制指按照合同约定对某项经济活动所共有的控制，仅在与该项经济活动相关的重要财务和经营决策需要分享控制权的投资方一致同意时存在。重大影响指对一个企业的财务和经营政策有参与决策的权力，但并不能够控制或者与其他方一起共同控制这些政策的制定。

（二）构成企业关联方的有该企业的母公司、子公司、对该企业施加重大影响的投资方、与该企业受同一母公司控制的其他企业、对该企业实施共同控制的投资方、该企业的联营或合营企业、该企业的主要投资者个人及与其关系密切的家庭成员、该企业或其母公司的关键管理人员及与其关系密切的家庭成员、该企业主要投资者个人、关键管理人员或与其关系密切的家庭成员控制、共同控制或施加重大影响的其他企业。

十七、实际控制人的认定

《全国中小企业股份转让系统挂牌公司信息披露细则（试行）》中规定，实际控制人指通过投资关系、协议或其他安排，能够支配、实际支配公司行为的自然人、法人或其他组织。控制指有权决定一个公司的财务和经营政策，并能据此从该公司的经营活动中获得利益。视为拥有挂牌公司控制权的情况有：为挂牌公司持股50%以上的控股股东、通过实际支配挂牌公司股份表决权能够决定公司董事会半数以上成员选任、可以实际支配挂牌公司股份表决权超过30%、依其可实际支配的挂牌公司股份表决权足以对公司股东大会的决议产生重大影响及中国证监会或全国股份转让系统公司认定的其他情形。

十八、同业竞争与关联交易处理方式

（一）申请挂牌公司应披露是否存在与控股股东、实际控制人及其控制的其他企业从事相同、相似业务的情况。对存在相同、相似业务的，应当对是否存在同业竞争做出合理解释和说明。申请挂牌公司应当对控股股东、实际控制人为避免同业竞争采取的措施以及做出的承诺进行披露。

（二）申请挂牌公司应当披露最近两年内是否存在资金被控股股东、实际控制人及其控制的其他企业占用的情况，或者是否存在为控股股东、实际控制人及其控制的其他企业提供担保，以及为防止股东及其关联方占用或者转移企业资金、资产及其他资源的行为发生所采取的相应具体安排。

（三）申请挂牌公司应当根据《公司法》和《企业会计准则》的相关规定对关联方、关联关系、关联交易进行披露，并对相应的决策权限、决策程序、定价机制、交易的合规性和公允性、减少和规范关联交易的具体安排等情况进行披露。申请挂牌公司应对最近两年股利分配政策、实际股利分配情况以及公开转让后的股利分配政策等情况进行披露。

十九、重大违法违规的认定

重大违法违规不是一个具体的法律概念，在《行政处罚法》及相关法律中并没有与之相关的具体规定。实践中对重大违法违规行为的判定，律师要自行掌握。一般来说，律师需要企业到相关行政机关开具行政处罚不属于重大违法违规的证明文件。

在行政处罚中，处罚金额低于10万元、未出现情节严重的事项，明确为一般行政处罚。对于适用简易程序的行政处罚、并非针对公司主营业务做出的行政处罚，律师一般可自行判断。实践中，相关行政处罚机关也会根据相关法律法规开具属于一般行政处罚、或者适用简易程序处罚、情节轻微的处罚，对此情况，律师可自行判断是否属于重大行政处罚行为。

二十、历史上存在集体企业改制、清理挂靠问题

（一）《城镇集体所有制企业条例》

集体企业的职工（代表）大会审议厂长（经理）提交的各项议案，决定

企业经营管理的重大问题。

（二）《城镇集体所有制企业、单位清产核资产权界定暂行办法》（企业产权界定工作小组）

进行产权界定、产权交易所交易、产权主体或职工（代表）大会同意、集体资产管理部门审核认定、依法审计、资产评估等。

（三）《清理甄别"挂靠"集体企业工作的意见》

按照城镇集体企业清产核资产权界定的政策规定，认真界定企业现有资产、负债和权益，由各投资方签署界定文本文件。据此由清产核资机构出具产权界定的法律文件，对投资来源或出资人进行划清工作，对财产归属关系进行明确。

各级清产核资机构对经过核实为私营或个人性质的企业出具有关证明材料，工商行政管理、税务等部门限期办理变更企业经济性质和税务登记。

二十一、外商投资企业改制为股份有限公司关注要点

（一）《关于设立外商投资股份有限公司若干问题的暂行规定》（外经贸部令1995年第1号）已设立中外合作经营企业、中外合资经营企业、外资企业（以下简称外商投资企业），如申请转变为公司的，应有最近连续3年的盈利记录。

（二）《关于外国投资者并购境内企业的规定》，2006年10号令第57条，被股权并购境内公司的中国自然人股东，经批准，可继续作为变更后所设外商投资企业的中方投资者。

（三）（原外资企业《所得税法》）对经营期在十年以上的生产性外商投资企业，从开始获利的年度起，第一年和第二年免征企业所得税，第三年至第五年减半征收企业所得税。实际经营期不满十年的外商投资企业，应当补缴已免征、减征的企业所得税税款。

（四）公司的注册资本应为在登记注册机关登记注册的实收股本总额，公司注册资本的最低限额为人民币3千万元，其中外国股东购买并持有的股份应不低于公司注册资本的25%。

二十二、红筹拆除问题

（一）国家外汇管理局综合司关于完善外商投资企业外汇资本金支付结汇管理有关业务操作问题的通知（汇综发〔2008〕142号）外商投资企业以资本金结汇所得人民币资金用于证券投资，应当按国家有关规定执行。外商投资企业资本金结汇所得人民币资金，应当在政府审批部门批准的经营范围内使用。除其他规定外，结汇所得人民币资金不可以用于境内股权投资。除外商投资房地产企业外，外商投资企业不得以资本金结汇所得人民币资金购买非自用境内房地产。

（二）真外资还是假外资（假外资的拆除问题）外汇补登记（非特殊目的公司，不处罚或者处罚金额较小，出具不属于重大违法违规的证明），零对价格（按照注册资本转让，与税务机关沟通税务）。这里需要注意的有补税风险（部分保留外资成分，转给真外资）和外汇补登记（特殊目的公司、非特殊目的公司）。

二十三、社保、公积金的合规性问题

（一）《中华人民共和国社会保险法》明确规定，进城务工的农村居民依照该法规定参加社会保险，外国人在中国境内就业的，参照本法规定参加社会保险。

对于已经参加新型农村社会养老保险、新型农村合作医疗的农村户籍员工，雇佣企业可以不再为员工缴纳该险种，但是应该根据该员工在农村参加该险种缴费情况给予补偿。

（二）通过人才服务机构代缴社保、公积金能有效解决公司异地员工缴纳社保、公积金问题。

（三）想要在新三板挂牌的中小企业，需根据《住房公积金管理条例》（2002年修订）为员工缴纳住房公积金，并出具合规证明。对于农村户籍员工，如果企业已经为其解决食宿问题（如提供员工宿舍、补贴员工租赁房屋的租金等方式），可以瑕疵披露并由大股东兜底承诺。

二十四、业务与技术的合规性问题

虽然新三板对拟挂牌企业的利润情况没有要求，但是只有优秀的企业才会受到投资人青睐。如果拟挂牌企业一直处于亏损状态，企业抱着侥幸心理希望获得融资或者银行授信贷款，那么挂牌意义不大，一般中介机构不会鼓励此类企业到新三板挂牌。

申请挂牌公司应遵循重要性原则披露与其业务相关的关键资源要素，比如， 产品或服务所使用的主要技术；取得的业务许可资格或资质情况；主要无形资产的取得方式和时间、实际使用情况、使用期限或保护期、最近一期末账面价值；主要生产设备等重要固定资产使用情况、成新率或尚可使用年限；特许经营权（如有）的取得、期限、费用标准；员工情况，包括人数、结构等。其中核心技术（业务）人员应披露姓名、年龄、主要业务经历及职务、现任职务与任期及持有申请挂牌公司的股份情况。核心技术（业务）团队在近两年内发生重大变动的，应披露变动情况和原因；其他体现所属行业或业态特征的资源要素。

二十五、劳务派遣的合规性问题

（一）《中华人民共和国劳动合同法（2012修正）》第66条有关劳务派遣员工的使用的规定，劳动合同用工是我国企业基本的用工形式。劳务派遣用工是补充形式，只能在临时性、辅助性或者替代性的工作岗位上实施。

临时性工作岗位是指存续时间不超过六个月的岗位；替代性工作岗位是指用工单位的劳动者因脱产学习、休假等原因无法工作的一定期间内，可以由其他劳动者替代工作的岗位；辅助性工作岗位是指为主营业务岗位提供服务的非主营业务岗位。

（二）《劳务派遣暂行规定》，用工单位决定使用被派遣劳动者的辅助性岗位，应当经职代会或者全体职工讨论，提出方案和意见，与工会或者职工代表平等协商确定，并在用工单位内公示。用工单位应当对劳务派遣用工数量进行严格控制，使用的被派遣劳动者数量不得超过其用工总量的10%。

（三）其他方式规避（特殊行业）。

二十六、独立性问题

独立性问题体现在资产独立、机构独立、财务独立、人员独立、业务独立等五个方面。

资产独立指的是挂牌公司资产应当独立完整、权属清晰，控股股东、实际控制人不可以占用、支配公司资产或者干预公司对资产的经营管理。

机构独立指挂牌公司的董事会、监事会以及其他内部机构应该独立运作。控股股东及其职能部门与挂牌公司及其职能部门之间没有上下级关系。控股股东及其下属机构不可以向挂牌公司及其下属机构下达任何有关挂牌公司经营的计划和指令，也不可以以其他任何形式影响其经营管理的独立性。

财务独立指挂牌公司应该按照有关法律、法规的要求，建立健全财务、会计管理制度，对可进行独立核算。控股股东不得干预公司的财务和会计活动，应当尊重公司财务的独立性。

人员独立指挂牌公司人员应该独立于控股股东。控股股东高级管理人员兼任挂牌公司董事的，应当保证有足够的时间和精力承担挂牌公司的工作。挂牌公司的经理人员、财务负责人、营销负责人和董事会秘书在控股股东单位不可以担任除董事以外的其他职务。

业务独立指挂牌公司业务应当完全独立于控股股东。主要表现在控股股东及其下属的其他单位不能从事与挂牌公司相同或相近的业务。控股股东应当采取有效措施避免同业竞争。

附录

新三板法律法规汇总

迄今为止，新三板形成了以《证券法》《公司法》和《国务院关于全国中小企业股份转让系统有关问题的决定》等法律、法规性文件为依据，以《非上市公众公司监督管理办法》《全国中小企业股份转让系统有限责任公司管理暂行办法》等2件部门规章和8件行政规范性文件为基础，以49件市场层面业务规则为主体的相对完备的制度框架体系。市场层面的业务规则围绕准入、交易、融资、监管、主办券商、投资者适当性等6条主线做出了明确规定。

附录一

中华人民共和国证券法（2014）

（1998年12月29日第九届全国人民代表大会常务委员会第六次会议通过 根据2004年8月28日第十届全国人民代表大会常务委员会第十一次会议《关于修改<中华人民共和国证券法>的决定》第一次修正 2005年10月27日第十届全国人民代表大会常务委员会第十八次会议修订根据 2013年6月29日第十二届全国人民代表大会常务委员会第三次会议《关于修改〈中华人民共和国文物保护法〉等十二部法律的决定》第二次修正 根据2014年8月31日第十二届全国人民代表大会常务委员会第十次会议《关于修改〈中华人民共和国保险法〉等五部法律的决定》第三次修正）

目　录

第一章 总则

第一条 为了规范证券发行和交易行为，保护投资者的合法权益，维护社会经济秩序和社会公共利益，促进社会主义市场经济的发展，制定本法。

第二条 在中华人民共和国境内，股票、公司债券和国务院依法认定的其他证券的发行和交易，适用本法；本法未规定的，适用《中华人民共和国公司法》和其他法律、行政法规的规定。政府债券、证券投资基金份额的上市交易，适用本法；其他法律、行政法规另有规定的，适用其规定。证券衍生品种发行、交易的管理办法，由国务院依照本法的原则规定。

第三条 证券的发行、交易活动，必须实行公开、公平、公正的原则。

第四条 证券发行、交易活动的当事人具有平等的法律地位，应当遵守自愿、有偿、诚实信用的原则。

第五条 证券的发行、交易活动，必须遵守法律、行政法规；禁止欺诈、内幕交易和操纵证券市场的行为。

第六条 证券业和银行业、信托业、保险业实行分业经营、分业管理，证券公司与银行、信托、保险业务机构分别设立。国家另有规定的除外。

第七条 国务院证券监督管理机构依法对全国证券市场实行集中统一监督管理。国务院证券监督管理机构根据需要可以设立派出机构，按照授权履行监督管理职责。

第八条 在国家对证券发行、交易活动实行集中统一监督管理的前提下，依法设立证券业协会，实行自律性管理。

第九条 国家审计机关依法对证券交易所、证券公司、证券登记结算机构、证券监督管理机构进行审计监督。

第二章 证券发行

第十条 公开发行证券，必须符合法律、行政法规规定的条件，并依法报经国务院证券监督管理机构或者国务院授权的部门核准；未经依法核准，任何单位和个人不得公开发行证券。有下列情形之一的，为公开发行：（一）向不特定对象发行证券的；（二）向特定对象发行证券累计超过二百人的；（三）法律、行政法规规定的其他发行行为。非公开发行证券，不得采用广告、公开劝诱和变相公开方式。

第十一条　发行人申请公开发行股票、可转换为股票的公司债券，依法采取承销方式的，或者公开发行法律、行政法规规定实行保荐制度的其他证券的，应当聘请具有保荐资格的机构担任保荐人。保荐人应当遵守业务规则和行业规范，诚实守信，勤勉尽责，对发行人的申请文件和信息披露资料进行审慎核查，督导发行人规范运作。保荐人的资格及其管理办法由国务院证券监督管理机构规定。

第十二条　设立股份有限公司公开发行股票，应当符合《中华人民共和国公司法》规定的条件和经国务院批准的国务院证券监督管理机构规定的其他条件，向国务院证券监督管理机构报送募股申请和下列文件：（一）公司章程；（二）发起人协议；（三）发起人姓名或者名称，发起人认购的股份数、出资种类及验资证明；（四）招股说明书；（五）代收股款银行的名称及地址；（六）承销机构名称及有关的协议。依照本法规定聘请保荐人的，还应当报送保荐人出具的发行保荐书。法律、行政法规规定设立公司必须报经批准的，还应当提交相应的批准文件。

第十三条　公司公开发行新股，应当符合下列条件：（一）具备健全且运行良好的组织机构；（二）具有持续盈利能力，财务状况良好；（三）最近三年财务会计文件无虚假记载，无其他重大违法行为；（四）经国务院批准的国务院证券监督管理机构规定的其他条件。上市公司非公开发行新股，应当符合经国务院批准的国务院证券监督管理机构规定的条件，并报国务院证券监督管理机构核准。

第十四条　公司公开发行新股,应当向国务院证券监督管理机构报送募股申请和下列文件:(一)公司营业执照;(二)公司章程;(三)股东大会决议;(四)招股说明书;(五)财务会计报告;(六)代收股款银行的名称及地址;(七)承销机构名称及有关的协议。依照本法规定聘请保荐人的,还应当报送保荐人出具的发行保荐书。

第十五条　公司对公开发行股票所募集资金,必须按照招股说明书所列资金用途使用。改变招股说明书所列资金用途,必须经股东大会作出决议。擅自改变用途而未作纠正的,或者未经股东大会认可的,不得公开发行新股。

第十六条　公开发行公司债券,应当符合下列条件:(一)股份有限公司的净资产不低于人民币三千万元,有限责任公司的净资产不低于人民币六千万元;(二)累计债券余额不超过公司净资产的百分之四十;(三)最近三年平均可分配利润足以支付公司债券一年的利息;(四)筹集的资金投向符合国家产业政策;(五)债券的利率不超过国务院限定的利率水平;(六)国务院规定的其他条件。公开发行公司债券筹集的资金,必须用于核准的用途,不得用于弥补亏损和非生产性支出。上市公司发行可转换为股票的公司债券,除应当符合第一款规定的条件外,还应当符合本法关于公开发行股票的条件,并报国务院证券监督管理机构核准。

第十七条　申请公开发行公司债券,应当向国务院授权的部门或者国务院证券监督管理机构报送下列文件:(一)公司营业执照;(二)公司章程;(三)公司债券募集办法;(四)资产评估报告和验资报告;(五)国务院授权的部门或者国务院证券监督管理机构规定的其他文件。依照本法规定聘请保荐人的，还应当报送保荐人出具的发行保荐书。

第十八条　有下列情形之一的，不得再次公开发行公司债券：（一）前一次公开发行的公司债券尚未募足；（二）对已公开发行的公司债券或者其他债务有违约或者延迟支付本息的事实，仍处于继续状态；（三）违反本法规定，改变公开发行公司债券所募资金的用途。

第十九条　发行人依法申请核准发行证券所报送的申请文件的格式、报送方式，由依法负责核准的机构或者部门规定。

第二十条　发行人向国务院证券监督管理机构或者国务院授权的部门报送的证券发行申请文件，必须真实、准确、完整。为证券发行出具有关文件的证券服务机构和人员，必须严格履行法定职责，保证其所出具文件的真实性、准确性和完整性。

第二十一条　发行人申请首次公开发行股票的，在提交申请文件后，应当按照国务院证券监督管理机构的规定预先披露有关申请文件。

第二十二条　国务院证券监督管理机构设发行审核委员会，依法审核股票发行申请。发行审核委员会由国务院证券监督管理机构的专业人员和所聘请的该机构外的有关专家组成，以投票方式对股票发行申请进行表决，提出审核意见。发行审核委员会的具体组成办法、组成人员任期、工作程序，由国务院证券监督管理机构规定。

第二十三条　国务院证券监督管理机构依照法定条件负责核准股票发行申请。核准程序应当公开，依法接受监督。参与审核和核准股票发行申请的人员，不得与发行申请人有利害关系，不得直接或者间接接受发行申请人的馈赠，不得持有所核准的发行申请的股票，不得私下与发行申请人进行接触。国务院授权的部门对公司债券发行申请的核准，参照前两款的规定执行。

第二十四条　国务院证券监督管理机构或者国务院授权的部门应当自受理证券发行申请文件之日起三个月内，依照法定条件和法定程序作出予以核准或者不予核准的决定，发行人根据要求补充、修改发行申请文件的时间不计算在内；不予核准的，应当说明理由。

第二十五条　证券发行申请经核准，发行人应当依照法律、行政法规的规定，在证券公开发行前，公告公开发行募集文件，并将该文件置备于指定场所供公众查阅。发行证券的信息依法公开前，任何知情人不得公开或者泄露该信息。发行人不得在公告公开发行募集文件前发行证券。

第二十六条　国务院证券监督管理机构或者国务院授权的部门对已作出的核准证券发行的决定，发现不符合法定条件或者法定程序，尚未发行证券的，应当予以撤销，停止发行。已经发行尚未上市的，撤销发行核准决定，发行人应当按照发行价并加算银行同期存款利息返还证券持有人；保荐人应当与发行人承担连带责任，但是能够证明自己没有过错的除外；发行人的控股股东、实际控制人有过错的，应当与发行人承担连带责任。

第二十七条　股票依法发行后，发行人经营与收益的变化，由发行人自行负责；由此变化引致的投资风险，由投资者自行负责。

第二十八条　发行人向不特定对象发行的证券，法律、行政法规规定应当由证券公司承销的，发行人应当同证券公司签订承销协议。证券承销业务采取代销或者包销方式。证券代销是指证券公司代发行人发售证券，在承销期结束时，将未售出的证券全部退还给发行人的承销方式。证券包销是指证券公司将发行人的证券按照协议全部购入或者在承销期结束时将售后剩余证券全部自行购入的承销方式。

第二十九条　公开发行证券的发行人有权依法自主选择承销的证券公司。证券公司不得以不正当竞争手段招揽证券承销业务。

第三十条　证券公司承销证券，应当同发行人签订代销或者包销协议，载明下列事项：（一）当事人的名称、住所及法定代表人姓名；（二）代销、包销证券的种类、数量、金额及发行价格；（三）代销、包销的期限及起止日期；（四）代销、包销的付款方式及日期；（五）代销、包销的费用和结算办法；（六）违约责任；（七）国务院证券监督管理机构规定的其他事项。

第三十一条　证券公司承销证券，应当对公开发行募集文件的真实性、准确性、完整性进行核查；发现有虚假记载、误导性陈述或者重大遗漏的，不得进行销售活动；已经销售的，必须立即停止销售活动，并采取纠正措施。

第三十二条　向不特定对象发行的证券票面总值超过人民币五千万元的，应当由承销团承销。承销团应当由主承销和参与承销的证券公司组成。

第三十三条　证券的代销、包销期限最长不得超过九十日。证券公司在代销、包销期内，对所代销、包销的证券应当保证先行出售给认购人，证券公司不得为本公司预留所代销的证券和预先购入并留存所包销的证券。

第三十四条　股票发行采取溢价发行的，其发行价格由发行人与承销的证券公司协商确定。

第三十五条　股票发行采用代销方式，代销期限届满，向投资者出售的股票数量未达到拟公开发行股票数量百分之七十的，为发行失败。发行人应当按照发行价并加算银行同期存款利息返还股票认购人。

第三十六条　公开发行股票，代销、包销期限届满，发行人应当在规定的期限内将股票发行情况报国务院证券监督管理机构备案。

第三章　证券交易

第一节　一般规定

第三十七条　证券交易当事人依法买卖的证券，必须是依法发行并交付的证券。非依法发行的证券，不得买卖。

第三十八条　依法发行的股票、公司债券及其他证券，法律对其转让期限有限制性规定的，在限定的期限内不得买卖。

第三十九条　依法公开发行的股票、公司债券及其他证券，应当在依法设立的证券交易所上市交易或者在国务院批准的其他证券交易场所转让。

第四十条　证券在证券交易所上市交易，应当采用公开的集中交易方式或者国务院证券监督管理机构批准的其他方式。

第四十一条　证券交易当事人买卖的证券可以采用纸面形式或者国务院证券监督管理机构规定的其他形式。

第四十二条　证券交易以现货和国务院规定的其他方式进行交易。

第四十三条　证券交易所、证券公司和证券登记结算机构的从业人员、证券监督管理机构的工作人员以及法律、行政法规禁止参与股票交易的其他人员，在任期或者法定限期内，不得直接或者以化名、借他人名义持有、买卖股票，也不得收受他人赠送的股票。任何人在成为前款所列人员时，其原已持有的股票，必须依法转让。

第四十四条　证券交易所、证券公司、证券登记结算机构必须依法为客户开立的账户保密。

第四十五条　为股票发行出具审计报告、资产评估报告或者法律意见书等文件的证券服务机构和人员，在该股票承销期内和期满后六个月内，不得买卖该种股票。除前款规定外，为上市公司出具审计报告、资产评估报告或者法律意见书等文件的证券服务机构和人员，自接受上市公司委托之日起至上述文件公开后五日内，不得买卖该种股票。

第四十六条　证券交易的收费必须合理，并公开收费项目、收费标准和收费办法。证券交易的收费项目、收费标准和管理办法由国务院有关主管部门统一规定。

第四十七条　上市公司董事、监事、高级管理人员、持有上市公司股份百分之五以上的股东，将其持有的该公司的股票在买入后六个月内卖出，或者在卖出后六个月内又买入，由此所得收益归该公司所有，公司董事会应当收回其所得收益。但是，证券公司因包销购入售后剩余股票而持有百分之五以上股份的，卖出该股票不受六个月时间限制。公司董事会不按照前款规定执行的，股东有权要求董事会在三十日内执行。公司董事会未在上述期限内执行的，股东有权为了公司的利益以自己的名义直接向人民法院提起诉讼。公司董事会不按照第一款的规定执行的，负有责任的董事依法承担连带责任。

第二节　证券上市

第四十八条　申请证券上市交易，应当向证券交易所提出申请，由证券交易所依法审核同意，并由双方签订上市协议。证券交易所根据国务院授权的部门的决定安排政府债券上市交易。

第四十九条　申请股票、可转换为股票的公司债券或者法律、行政法规规定实行保荐制度的其他证券上市交易，应当聘请具有保荐资格的机构担任保荐人。本法第十一条第二款、第三款的规定适用于上市保荐人。

第五十条　股份有限公司申请股票上市，应当符合下列条件：（一）股票经国务院证券监督管理机构核准已公开发行；（二）公司股本总额不少于人民币三千万元；（三）公开发行的股份达到公司股份总数的百分之二十五以上；公司股本总额超过人民币四亿元的，公开发行股份的比例为百分之十以上；（四）公司最近三年无重大违法行为，财务会计报告无虚假记载。证券交易所可以规定高于前款规定的上市条件，并报国务院证券监督管理机构批准。

第五十一条　国家鼓励符合产业政策并符合上市条件的公司股票上市交易。

第五十二条　申请股票上市交易，应当向证券交易所报送下列文件：（一）上市报告书；（二）申请股票上市的股东大会决议；（三）公司章程；（四）公司营业执照；（五）依法经会计师事务所审计的公司最近三年的财务会计报告；（六）法律意见书和上市保荐书；（七）最近一次的招股说明书；（八）证券交易所上市规则规定的其他文件。

第五十三条　股票上市交易申请经证券交易所审核同意后，签订上市协议的公司应当在规定的期限内公告股票上市的有关文件，并将该文件置备于指定场所供公众查阅。

第五十四条　签订上市协议的公司除公告前条规定的文件外，还应当公告下列事项：（一）股票获准在证券交易所交易的日期；（二）持有公司股份最多的前十名股东的名单和持股数额；（三）公司的实际控制人；（四）董事、监事、高级管理人员的姓名及其持有本公司股票和债券的情况。

第五十五条　上市公司有下列情形之一的，由证券交易所决定暂停其股票上市交易：（一）公司股本总额、股权分布等发生变化不再具备上市条件；（二）公司不按照规定公开其财务状况，或者对财务会计报告作虚假记载，可能误导投资者；（三）公司有重大违法行为；（四）公司最近三年连续亏损；（五）证券交易所上市规则规定的其他情形。

第五十六条　上市公司有下列情形之一的，由证券交易所决定终止其股票上市交易：（一）公司股本总额、股权分布等发生变化不再具备上市条件，在证券交易所规定的期限内仍不能达到上市条件；（二）公司不按照规定公开其财务状况，或者对财务会计报告作虚假记载，且拒绝纠正；（三）公司最近三年连续亏损，在其后一个年度内未能恢复盈利；（四）公司解散或者被宣告破产；（五）证券交易所上市规则规定的其他情形。

第五十七条　公司申请公司债券上市交易，应当符合下列条件：（一）公司债券的期限为一年以上；（二）公司债券实际发行额不少于人民币五千万元；（三）公司申请债券上市时仍符合法定的公司债券发行条件。

第五十八条　申请公司债券上市交易，应当向证券交易所报送下列文件：（一）上市报告书；（二）申请公司债券上市的董事会决议；（三）公司章程；（四）公司营业执照；（五）公司债券募集办法；（六）公司债券的实际发行数额；（七）证券交易所上市规则规定的其他文件。申请可转换为股票的公司债券上市交易，还应当报送保荐人出具的上市保荐书。

第五十九条　公司债券上市交易申请经证券交易所审核同意后，签订上市协议的公司应当在规定的期限内公告公司债券上市文件及有关文件，并将其申请文件置备于指定场所供公众查阅。

第六十条　公司债券上市交易后，公司有下列情形之一的，由证券交易所决定暂停其公司债券上市交易：（一）公司有重大违法行为；（二）公司情况发生重大变化不符合公司债券上市条件；（三）发行公司债券所募集的资金不按照核准的用途使用；（四）未按照公司债券募集办法履行义务；（五）公司最近二年连续亏损。

第六十一条　公司有前条第（一）项、第（四）项所列情形之一经查实后果严重的，或者有前条第（二）项、第（三）项、第（五）项所列情形之一，在限期内未能消除的，由证券交易所决定终止其公司债券上市交易。公司解散或者被宣告破产的，由证券交易所终止其公司债券上市交易。

第六十二条　对证券交易所作出的不予上市、暂停上市、终止上市决定不服的，可以向证券交易所设立的复核机构申请复核。

第三节　持续信息公开

第六十三条　发行人、上市公司依法披露的信息，必须真实、准确、完整，不得有虚假记载、误导性陈述或者重大遗漏。

第六十四条　经国务院证券监督管理机构核准依法公开发行股票，或者经国务院授权的部门核准依法公开发行公司债券，应当公告招股说明书、公司债券募集办法。依法公开发行新股或者公司债券的，还应当公告财务会计报告。

第六十五条 上市公司和公司债券上市交易的公司，应当在每一会计年度的上半年结束之日起二个月内，向国务院证券监督管理机构和证券交易所报送记载以下内容的中期报告，并予公告：（一）公司财务会计报告和经营情况；（二）涉及公司的重大诉讼事项；（三）已发行的股票、公司债券变动情况；（四）提交股东大会审议的重要事项；（五）国务院证券监督管理机构规定的其他事项。

第六十六条 上市公司和公司债券上市交易的公司，应当在每一会计年度结束之日起四个月内，向国务院证券监督管理机构和证券交易所报送记载以下内容的年度报告，并予公告：（一）公司概况；（二）公司财务会计报告和经营情况；（三）董事、监事、高级管理人员简介及其持股情况；（四）已发行的股票、公司债券情况，包括持有公司股份最多的前十名股东的名单和持股数额；（五）公司的实际控制人；（六）国务院证券监督管理机构规定的其他事项。

第六十七条 发生可能对上市公司股票交易价格产生较大影响的重大事件，投资者尚未得知时，上市公司应当立即将有关该重大事件的情况向国务院证券监督管理机构和证券交易所报送临时报告，并予公告，说明事件的起因、目前的状态和可能产生的法律后果。下列情况为前款所称重大事件：（一）公司的经营方针和经营范围的重大变化；（二）公司的重大投资行为和重大的购置财产的决定；（三）公司订立重要合同，可能对公司的资产、负债、权益和经营成果产生重要影响；（四）公司发生重大债务和未能清偿到期重大债务的违约情况；（五）公司发生重大亏损或者重大损失；（六）公司生产经营的外部条件发生的重大变化；（七）公司的董事、三分之一以上监事或者经理发生变动；（八）持有公司百分之五以上股份的股东或者实际控制人，其持有股份或者控制公司的情况发生较大变化；（九）公司减资、合并、分立、解散及申请破产的决定；（十）涉及公司的重大诉讼，股东大会、董事会决议被依法撤销或者宣告无效；（十一）公司涉嫌犯罪被司法机关立案调查，公司董事、监事、高级管理人员涉嫌犯罪被司法机关采取强制措施；（十二）国务院证券监督管理机构规定的其他事项。

第六十八条　上市公司董事、高级管理人员应当对公司定期报告签署书面确认意见。上市公司监事会应当对董事会编制的公司定期报告进行审核并提出书面审核意见。上市公司董事、监事、高级管理人员应当保证上市公司所披露的信息真实、准确、完整。

第六十九条　发行人、上市公司公告的招股说明书、公司债券募集办法、财务会计报告、上市报告文件、年度报告、中期报告、临时报告以及其他信息披露资料，有虚假记载、误导性陈述或者重大遗漏，致使投资者在证券交易中遭受损失的，发行人、上市公司应当承担赔偿责任；发行人、上市公司的董事、监事、高级管理人员和其他直接责任人员以及保荐人、承销的证券公司，应当与发行人、上市公司承担连带赔偿责任，但是能够证明自己没有过错的除外；发行人、上市公司的控股股东、实际控制人有过错的，应当与发行人、上市公司承担连带赔偿责任。

第七十条　依法必须披露的信息，应当在国务院证券监督管理机构指定的媒体发布，同时将其置备于公司住所、证券交易所，供社会公众查阅。

第七十一条　国务院证券监督管理机构对上市公司年度报告、中期报告、临时报告以及公告的情况进行监督，对上市公司分派或者配售新股的情况进行监督，对上市公司控股股东和信息披露义务人的行为进行监督。证券监督管理机构、证券交易所、保荐人、承销的证券公司及有关人员，对公司依照法律、行政法规规定必须作出的公告，在公告前不得泄露其内容。

第七十二条　证券交易所决定暂停或者终止证券上市交易的，应当及时公告，并报国务院证券监督管理机构备案。

第四节　禁止的交易行为

第七十三条　禁止证券交易内幕信息的知情人和非法获取内幕信息的人利用内幕信息从事证券交易活动。

第七十四条　证券交易内幕信息的知情人包括：（一）发行人的董事、监事、高级管理人员；（二）持有公司百分之五以上股份的股东及其董事、监事、高级管理人员，公司的实际控制人及其董事、监事、高级管理人员；（三）发行人控股的公司及其董事、监事、高级管理人员；（四）由于所任公司职务可以获取公司有关内幕信息的人员；（五）证券监督管理机构工作人员以及由于法定职责对证券的发行、交易进行管理的其他人员；（六）保荐人、承销的证券公司、证券交易所、证券登记结算机构、证券服务机构的有关人员；（七）国务院证券监督管理机构规定的其他人。

第七十五条 证券交易活动中，涉及公司的经营、财务或者对该公司证券的市场价格有重大影响的尚未公开的信息，为内幕信息。下列信息皆属内幕信息:（一）本法第六十七条第二款所列重大事件；（二）公司分配股利或者增资的计划；（三）公司股权结构的重大变化；（四）公司债务担保的重大变更；（五）公司营业用主要资产的抵押、出售或者报废一次超过该资产的百分之三十；（六）公司的董事、监事、高级管理人员的行为可能依法承担重大损害赔偿责任；（七）上市公司收购的有关方案；（八）国务院证券监督管理机构认定的对证券交易价格有显著影响的其他重要信息。

第七十六条 证券交易内幕信息的知情人和非法获取内幕信息的人，在内幕信息公开前，不得买卖该公司的证券，或者泄露该信息，或者建议他人买卖该证券。持有或者通过协议、其他安排与他人共同持有公司百分之五以上股份的自然人、法人、其他组织收购上市公司的股份，本法另有规定的，适用其规定。内幕交易行为给投资者造成损失的，行为人应当依法承担赔偿责任。

第七十七条 禁止任何人以下列手段操纵证券市场:（一）单独或者通过合谋，集中资金优势、持股优势或者利用信息优势联合或者连续买卖，操纵证券交易价格或者证券交易量；（二）与他人串通，以事先约定的时间、价格和方式相互进行证券交易，影响证券交易价格或者证券交易量；（三）在自己实际控制的账户之间进行证券交易，影响证券交易价格或者证券交易量；（四）以其他手段操纵证券市场。操纵证券市场行为给投资者造成损失的，行为人应当依法承担赔偿责任。

第七十八条 禁止国家工作人员、传播媒介从业人员和有关人员编造、传播虚假信息，扰乱证券市场。禁止证券交易所、证券公司、证券登记结算机构、证券服务机构及其从业人员，证券业协会、证券监督管理机构及其工作人员，在证券交易活动中作出虚假陈述或者信息误导。各种传播媒介传播证券市场信息必须真实、客观，禁止误导。

第七十九条　禁止证券公司及其从业人员从事下列损害客户利益的欺诈行为：（一）违背客户的委托为其买卖证券；（二）不在规定时间内向客户提供交易的书面确认文件；（三）挪用客户所委托买卖的证券或者客户账户上的资金；（四）未经客户的委托，擅自为客户买卖证券，或者假借客户的名义买卖证券；（五）为牟取佣金收入，诱使客户进行不必要的证券买卖；（六）利用传播媒介或者通过其他方式提供、传播虚假或者误导投资者的信息；（七）其他违背客户真实意思表示，损害客户利益的行为。欺诈客户行为给客户造成损失的，行为人应当依法承担赔偿责任。

第八十条　禁止法人非法利用他人账户从事证券交易；禁止法人出借自己或者他人的证券账户。

第八十一条　依法拓宽资金入市渠道，禁止资金违规流入股市。

第八十二条　禁止任何人挪用公款买卖证券。

第八十三条　国有企业和国有资产控股的企业买卖上市交易的股票，必须遵守国家有关规定。

第八十四条　证券交易所、证券公司、证券登记结算机构、证券服务机构及其从业人员对证券交易中发现的禁止的交易行为，应当及时向证券监督管理机构报告。

第四章 上市公司的收购

第八十五条　投资者可以采取要约收购、协议收购及其他合法方式收购上市公司。

第八十六条　通过证券交易所的证券交易，投资者持有或者通过协议、其他安排与他人共同持有一个上市公司已发行的股份达到百分之五时，应当在该事实发生之日起三日内，向国务院证券监督管理机构、证券交易所作出书面报告，通知该上市公司，并予公告；在上述期限内，不得再行买卖该上市公司的股票。投资者持有或者通过协议、其他安排与他人共同持有一个上市公司已发行的股份达到百分之五后，其所持该上市公司已发行的股份比例每增加或者减少百分之五，应当依照前款规定进行报告和公告。在报告期限内和作出报告、公告后二日内，不得再行买卖该上市公司的股票。

第八十七条　依照前条规定所作的书面报告和公告，应当包括下列内容：（一）持股人的名称、住所；（二）持有的股票的名称、数额；（三）持股达到法定比例或者持股增减变化达到法定比例的日期。

第八十八条　通过证券交易所的证券交易，投资者持有或者通过协议、其他安排与他人共同持有一个上市公司已发行的股份达到百分之三十时，继续进行收购的，应当依法向该上市公司所有股东发出收购上市公司全部或者部分股份的要约。收购上市公司部分股份的收购要约应当约定，被收购公司股东承诺出售的股份数额超过预定收购的股份数额的，收购人按比例进行收购。

第八十九条　依照前条规定发出收购要约，收购人必须公告上市公司收购报告书，并载明下列事项：（一）收购人的名称、住所；（二）收购人关于收购的决定；（三）被收购的上市公司名称；（四）收购目的；（五）收购股份的详细名称和预定收购的股份数额；（六）收购期限、收购价格；（七）收购所需资金额及资金保证；（八）公告上市公司收购报告书时持有被收购公司股份数占该公司已发行的股份总数的比例。

第九十条　收购要约约定的收购期限不得少于三十日，并不得超过六十日。

第九十一条　在收购要约确定的承诺期限内，收购人不得撤销其收购要约。收购人需要变更收购要约的，必须及时公告，载明具体变更事项。

第九十二条　收购要约提出的各项收购条件，适用于被收购公司的所有股东。

第九十三条　采取要约收购方式的，收购人在收购期限内，不得卖出被收购公司的股票，也不得采取要约规定以外的形式和超出要约的条件买入被收购公司的股票。

第九十四条　采取协议收购方式的，收购人可以依照法律、行政法规的规定同被收购公司的股东以协议方式进行股份转让。以协议方式收购上市公司时，达成协议后，收购人必须在三日内将该收购协议向国务院证券监督管理机构及证券交易所作出书面报告，并予公告。在公告前不得履行收购协议。

第九十五条　采取协议收购方式的，协议双方可以临时委托证券登记结算机构保管协议转让的股票，并将资金存放于指定的银行。

第九十六条　采取协议收购方式的，收购人收购或者通过协议、其他安排与他人共同收购一个上市公司已发行的股份达到百分之三十时，继续进行收购的，应当向该上市公司所有股东发出收购上市公司全部或者部分股份的要约。但是，经国务院证券监督管理机构免除发出要约的除外。收购人依照前款规定以要约方式收购上市公司股份，应当遵守本法第八十九条至第九十三条的规定。

第九十七条　收购期限届满，被收购公司股权分布不符合上市条件的，该上市公司的股票应当由证券交易所依法终止上市交易；其余仍持有被收购公司股票的股东，有权向收购人以收购要约的同等条件出售其股票，收购人应当收购。收购行为完成后，被收购公司不再具备股份有限公司条件的，应当依法变更企业形式。

第九十八条　在上市公司收购中，收购人持有的被收购的上市公司的股票，在收购行为完成后的十二个月内不得转让。

第九十九条　收购行为完成后，收购人与被收购公司合并，并将该公司解散的，被解散公司的原有股票由收购人依法更换。

第一百条　收购行为完成后，收购人应当在十五日内将收购情况报告国务院证券监督管理机构和证券交易所，并予公告。

第一百零一条　收购上市公司中由国家授权投资的机构持有的股份，应当按照国务院的规定，经有关主管部门批准。国务院证券监督管理机构应当依照本法的原则制定上市公司收购的具体办法。

第五章　证券交易所

第一百零二条　证券交易所是为证券集中交易提供场所和设施，组织和监督证券交易，实行自律管理的法人。证券交易所的设立和解散，由国务院决定。

第一百零三条　设立证券交易所必须制定章程。证券交易所章程的制定和修改，必须经国务院证券监督管理机构批准。

第一百零四条　证券交易所必须在其名称中标明证券交易所字样。其他任何单位或者个人不得使用证券交易所或者近似的名称。

第一百零五条　证券交易所可以自行支配的各项费用收入，应当首先用于保证其证券交易场所和设施的正常运行并逐步改善。实行会员制的证券交易所的财产积累归会员所有，其权益由会员共同享有，在其存续期间，不得将其财产积累分配给会员。

第一百零六条　证券交易所设理事会。

第一百零七条　证券交易所设总经理一人，由国务院证券监督管理机构任免。

第一百零八条　有《中华人民共和国公司法》第一百四十六条规定的情形或者下列情形之一的，不得担任证券交易所的负责人：（一）因违法行为或者违纪行为被解除职务的证券交易所、证券登记结算机构的负责人或者证券公司的董事、监事、高级管理人员，自被解除职务之日起未逾五年；（二）因违法行为或者违纪行为被撤销资格的律师、注册会计师或者投资咨询机构、财务顾问机构、资信评级机构、资产评估机构、验证机构的专业人员，自被撤销资格之日起未逾五年。

第一百零九条　因违法行为或者违纪行为被开除的证券交易所、证券登记结算机构、证券服务机构、证券公司的从业人员和被开除的国家机关工作人员，不得招聘为证券交易所的从业人员。

第一百一十条　进入证券交易所参与集中交易的，必须是证券交易所的会员。

第一百一十一条　投资者应当与证券公司签订证券交易委托协议，并在证券公司开立证券交易账户，以书面、电话以及其他方式，委托该证券公司代其买卖证券。

第一百一十二条　证券公司根据投资者的委托，按照证券交易规则提出交易申报，参与证券交易所场内的集中交易，并根据成交结果承担相应的清算交收责任；证券登记结算机构根据成交结果，按照清算交收规则，与证券公司进行证券和资金的清算交收，并为证券公司客户办理证券的登记过户手续。

第一百一十三条　证券交易所应当为组织公平的集中交易提供保障，公布证券交易即时行情，并按交易日制作证券市场行情表，予以公布。未经证券交易所许可，任何单位和个人不得发布证券交易即时行情。

第一百一十四条　因突发性事件而影响证券交易的正常进行时，证券交易所可以采取技术性停牌的措施；因不可抗力的突发性事件或者为维护证券交易的正常秩序，证券交易所可以决定临时停市。证券交易所采取技术性停牌或者决定临时停市，必须及时报告国务院证券监督管理机构。

第一百一十五条　证券交易所对证券交易实行实时监控，并按照国务院证券监督管理机构的要求，对异常的交易情况提出报告。证券交易所应当对上市公司及相关信息披露义务人披露信息进行监督，督促其依法及时、准确地披露信息。证券交易所根据需要，可以对出现重大异常交易情况的证券账户限制交易，并报国务院证券监督管理机构备案。

第一百一十六条　证券交易所应当从其收取的交易费用和会员费、席位费中提取一定比例的金额设立风险基金。风险基金由证券交易所理事会管理。风险基金提取的具体比例和使用办法，由国务院证券监督管理机构会同国务院财政部门规定。

第一百一十七条　证券交易所应当将收存的风险基金存入开户银行专门账户，不得擅自使用。

第一百一十八条　证券交易所依照证券法律、行政法规制定上市规则、交易规则、会员管理规则和其他有关规则，并报国务院证券监督管理机构批准。

第一百一十九条　证券交易所的负责人和其他从业人员在执行与证券交易有关的职务时，与其本人或者其亲属有利害关系的，应当回避。

第一百二十条　按照依法制定的交易规则进行的交易，不得改变其交易结果。对交易中违规交易者应负的民事责任不得免除；在违规交易中所获利益，依照有关规定处理。

第一百二十一条　在证券交易所内从事证券交易的人员，违反证券交易所有关交易规则的，由证券交易所给予纪律处分；对情节严重的，撤销其资格，禁止其入场进行证券交易。

第六章　证券公司

第一百二十二条　设立证券公司，必须经国务院证券监督管理机构审查批准。未经国务院证券监督管理机构批准，任何单位和个人不得经营证券业务。

第一百二十三条　本法所称证券公司是指依照《中华人民共和国公司法》和本法规定设立的经营证券业务的有限责任公司或者股份有限公司。

第一百二十四条　设立证券公司，应当具备下列条件：（一）有符合法律、行政法规规定的公司章程；（二）主要股东具有持续盈利能力，信誉良好，最近三年无重大违法违规记录，净资产不低于人民币二亿元；（三）有符合本法规定的注册资本；（四）董事、监事、高级管理人员具备任职资格，从业人员具有证券从业资格；（五）有完善的风险管理与内部控制制度；（六）有合格的经营场所和业务设施；（七）法律、行政法规规定的和经国务院批准的国务院证券监督管理机构规定的其他条件。

第一百二十五条　经国务院证券监督管理机构批准，证券公司可以经营下列部分或者全部业务：（一）证券经纪；（二）证券投资咨询；（三）与证券交易、证券投资活动有关的财务顾问；（四）证券承销与保荐；（五）证券自营；（六）证券资产管理；（七）其他证券业务。

第一百二十六条　证券公司必须在其名称中标明证券有限责任公司或者证券股份有限公司字样。

第一百二十七条　证券公司经营本法第一百二十五条第（一）项至第（三）项业务的，注册资本最低限额为人民币五千万元；经营第（四）项至第（七）项业务之一的，注册资本最低限额为人民币一亿元；经营第（四）项至第（七）项业务中两项以上的，注册资本最低限额为人民币五亿元。证券公司的注册资本应当是实缴资本。国务院证券监督管理机构根据审慎监管原则和各项业务的风险程度，可以调整注册资本最低限额，但不得少于前款规定的限额。

第一百二十八条　国务院证券监督管理机构应当自受理证券公司设立申请之日起六个月内，依照法定条件和法定程序并根据审慎监管原则进行审查，作出批准或者不予批准的决定，并通知申请人；不予批准的，应当说明理由。证券公司设立申请获得批准的，申请人应当在规定的期限内向公司登记机关申请设立登记，领取营业执照。证券公司应当自领取营业执照之日起十五日内，向国务院证券监督管理机构申请经营证券业务许可证。未取得经营证券业务许可证，证券公司不得经营证券业务。

第一百二十九条　证券公司设立、收购或者撤销分支机构，变更业务范围，增加注册资本且股权结构发生重大调整，减少注册资本，变更持有百分之五以上股权的股东、实际控制人，变更公司章程中的重要条款，合并、分立、停业、解散、破产，必须经国务院证券监督管理机构批准。证券公司在境外设立、收购或者参股证券经营机构，必须经国务院证券监督管理机构批准。

第一百三十条　国务院证券监督管理机构应当对证券公司的净资本，净资本与负债的比例，净资本与净资产的比例，净资本与自营、承销、资产管理等业务规模的比例，负债与净资产的比例，以及流动资产与流动负债的比例等风险控制指标作出规定。证券公司不得为其股东或者股东的关联人提供融资或者担保。

第一百三十一条　证券公司的董事、监事、高级管理人员，应当正直诚实，品行良好，熟悉证券法律、行政法规，具有履行职责所需的经营管理能力，并在任职前取得国务院证券监督管理机构核准的任职资格。有《中华人民共和国公司法》第一百四十六条规定的情形或者下列情形之一的，不得担任证券公司的董事、监事、高级管理人员：（一）因违法行为或者违纪行为被解除职务的证券交易所、证券登记结算机构的负责人或者证券公司的董事、监事、高级管理人员，自被解除职务之日起未逾五年；（二）因违法行为或者违纪行为被撤销资格的律师、注册会计师或者投资咨询机构、财务顾问机构、资信评级机构、资产评估机构、验证机构的专业人员，自被撤销资格之日起未逾五年。

第一百三十二条　因违法行为或者违纪行为被开除的证券交易所、证券登记结算机构、证券服务机构、证券公司的从业人员和被开除的国家机关工作人员，不得招聘为证券公司的从业人员。

第一百三十三条　国家机关工作人员和法律、行政法规规定的禁止在公司中兼职的其他人员，不得在证券公司中兼任职务。

第一百三十四条　国家设立证券投资者保护基金。证券投资者保护基金由证券公司缴纳的资金及其他依法筹集的资金组成，其筹集、管理和使用的具体办法由国务院规定。

第一百三十五条　证券公司从每年的税后利润中提取交易风险准备金，用于弥补证券交易的损失，其提取的具体比例由国务院证券监督管理机构规定。

第一百三十六条　证券公司应当建立健全内部控制制度，采取有效隔离措施，防范公司与客户之间、不同客户之间的利益冲突。证券公司必须将其证券经纪业务、证券承销业务、证券自营业务和证券资产管理业务分开办理，不得混合操作。

第一百三十七条　证券公司的自营业务必须以自己的名义进行，不得假借他人名义或者以个人名义进行。证券公司的自营业务必须使用自有资金和依法筹集的资金。证券公司不得将其自营账户借给他人使用。

第一百三十八条　证券公司依法享有自主经营的权利，其合法经营不受干涉。

第一百三十九条　证券公司客户的交易结算资金应当存放在商业银行，以每个客户的名义单独立户管理。具体办法和实施步骤由国务院规定。证券公司不得将客户的交易结算资金和证券归入其自有财产。禁止任何单位或者个人以任何形式挪用客户的交易结算资金和证券。证券公司破产或者清算时，客户的交易结算资金和证券不属于其破产财产或者清算财产。非因客户本身的债务或者法律规定的其他情形，不得查封、冻结、扣划或者强制执行客户的交易结算资金和证券。

第一百四十条　证券公司办理经纪业务，应当置备统一制定的证券买卖委托书，供委托人使用。采取其他委托方式的，必须作出委托记录。客户的证券买卖委托，不论是否成交，其委托记录应当按照规定的期限，保存于证券公司。

第一百四十一条　证券公司接受证券买卖的委托，应当根据委托书载明的证券名称、买卖数量、出价方式、价格幅度等，按照交易规则代理买卖证券，如实进行交易记录；买卖成交后，应当按照规定制作买卖成交报告单交付客户。证券交易中确认交易行为及其交易结果的对账单必须真实，并由交易经办人员以外的审核人员逐笔审核，保证账面证券余额与实际持有的证券相一致。

第一百四十二条　证券公司为客户买卖证券提供融资融券服务，应当按照国务院的规定并经国务院证券监督管理机构批准。

第一百四十三条　证券公司办理经纪业务，不得接受客户的全权委托而决定证券买卖、选择证券种类、决定买卖数量或者买卖价格。

第一百四十四条　证券公司不得以任何方式对客户证券买卖的收益或者赔偿证券买卖的损失作出承诺。

第一百四十五条　证券公司及其从业人员不得未经过其依法设立的营业场所私下接受客户委托买卖证券。

第一百四十六条　证券公司的从业人员在证券交易活动中，执行所属的证券公司的指令或者利用职务违反交易规则的，由所属的证券公司承担全部责任。

第一百四十七条　证券公司应当妥善保存客户开户资料、委托记录、交易记录和与内部管理、业务经营有关的各项资料，任何人不得隐匿、伪造、篡改或者毁损。上述资料的保存期限不得少于二十年。

第一百四十八条　证券公司应当按照规定向国务院证券监督管理机构报送业务、财务等经营管理信息和资料。国务院证券监督管理机构有权要求证券公司及其股东、实际控制人在指定的期限内提供有关信息、资料。证券公司及其股东、实际控制人向国务院证券监督管理机构报送或者提供的信息、资料，必须真实、准确、完整。

第一百四十九条　国务院证券监督管理机构认为有必要时，可以委托会计师事务所、资产评估机构对证券公司的财务状况、内部控制状况、资产价值进行审计或者评估。具体办法由国务院证券监督管理机构会同有关主管部门制定。

第一百五十条　证券公司的净资本或者其他风险控制指标不符合规定的，国务院证券监督管理机构应当责令其限期改正；逾期未改正，或者其行为严重危及该证券公司的稳健运行、损害客户合法权益的，国务院证券监督管理机构可以区别情形，对其采取下列措施：（一）限制业务活动，责令暂停部分业务，停止批准新业务；（二）停止批准增设、收购营业性分支机构；（三）限制分配红利，限制向董事、监事、高级管理人员支付报酬、提供福利；（四）限制转让财产或者在财产上设定其他权利；（五）责令更换董事、监事、高级管理人员或者限制其权利；（六）责令控股股东转让股权或者限制有关股东行使股东权利；（七）撤销有关业务许可。证券公司整改后，应当向国务院证券监督管理机构提交报告。国务院证券监督管理机构经验收，符合有关风险控制指标的，应当自验收完毕之日起三日内解除对其采取的前款规定的有关措施。

第一百五十一条　证券公司的股东有虚假出资、抽逃出资行为的，国务院证券监督管理机构应当责令其限期改正，并可责令其转让所持证券公司的股权。在前款规定的股东按照要求改正违法行为、转让所持证券公司的股权前，国务院证券监督管理机构可以限制其股东权利。

第一百五十二条　证券公司的董事、监事、高级管理人员未能勤勉尽责，致使证券公司存在重大违法违规行为或者重大风险的，国务院证券监督管理机构可以撤销其任职资格，并责令公司予以更换。

第一百五十三条 证券公司违法经营或者出现重大风险，严重危害证券市场秩序、损害投资者利益的，国务院证券监督管理机构可以对该证券公司采取责令停业整顿、指定其他机构托管、接管或者撤销等监管措施。

第一百五十四条 在证券公司被责令停业整顿、被依法指定托管、接管或者清算期间，或者出现重大风险时，经国务院证券监督管理机构批准，可以对该证券公司直接负责的董事、监事、高级管理人员和其他直接责任人员采取以下措施：（一）通知出境管理机关依法阻止其出境；（二）申请司法机关禁止其转移、转让或者以其他方式处分财产，或者在财产上设定其他权利。

第七章 证券登记结算机构

第一百五十五条 证券登记结算机构是为证券交易提供集中登记、存管与结算服务，不以营利为目的的法人。设立证券登记结算机构必须经国务院证券监督管理机构批准。

第一百五十六条 设立证券登记结算机构，应当具备下列条件：（一）自有资金不少于人民币二亿元；（二）具有证券登记、存管和结算服务所必须的场所和设施；（三）主要管理人员和从业人员必须具有证券从业资格；（四）国务院证券监督管理机构规定的其他条件。证券登记结算机构的名称中应当标明证券登记结算字样。

第一百五十七条 证券登记结算机构履行下列职能：（一）证券账户、

结算账户的设立；（二）证券的存管和过户；（三）证券持有人名册登记；（四）证券交易所上市证券交易的清算和交收；（五）受发行人的委托派发证券权益；（六）办理与上述业务有关的查询；（七）国务院证券监督管理机构批准的其他业务。

第一百五十八条　证券登记结算采取全国集中统一的运营方式。证券登记结算机构章程、业务规则应当依法制定，并经国务院证券监督管理机构批准。

第一百五十九条　证券持有人持有的证券，在上市交易时，应当全部存管在证券登记结算机构。证券登记结算机构不得挪用客户的证券。

第一百六十条　证券登记结算机构应当向证券发行人提供证券持有人名册及其有关资料。证券登记结算机构应当根据证券登记结算的结果，确认证券持有人持有证券的事实，提供证券持有人登记资料。证券登记结算机构应当保证证券持有人名册和登记过户记录真实、准确、完整，不得隐匿、伪造、篡改或者毁损。

第一百六十一条　证券登记结算机构应当采取下列措施保证业务的正常进行：（一）具有必备的服务设备和完善的数据安全保护措施；（二）建立完善的业务、财务和安全防范等管理制度；（三）建立完善的风险管理系统。

第一百六十二条　证券登记结算机构应当妥善保存登记、存管和结算的原始凭证及有关文件和资料。其保存期限不得少于二十年。

第一百六十三条　证券登记结算机构应当设立证券结算风险基金，用于垫付或者弥补因违约交收、技术故障、操作失误、不可抗力造成的证券登记结算机构的损失。证券结算风险基金从证券登记结算机构的业务收入和收益中提取，并可以由结算参与人按照证券交易业务量的一定比例缴纳。证券结算风险基金的筹集、管理办法，由国务院证券监督管理机构会同国务院财政部门规定。

第一百六十四条　证券结算风险基金应当存入指定银行的专门账户，实行专项管理。证券登记结算机构以证券结算风险基金赔偿后，应当向有关责任人追偿。

第一百六十五条　证券登记结算机构申请解散，应当经国务院证券监督管理机构批准。

第一百六十六条　投资者委托证券公司进行证券交易，应当申请开立证券账户。证券登记结算机构应当按照规定以投资者本人的名义为投资者开立证券账户。投资者申请开立账户，必须持有证明中国公民身份或者中国法人资格的合法证件。国家另有规定的除外。

第一百六十七条　证券登记结算机构为证券交易提供净额结算服务时，应当要求结算参与人按照货银对付的原则，足额交付证券和资金，并提供交收担保。在交收完成之前，任何人不得动用用于交收的证券、资金和担保物。结算参与人未按时履行交收义务的，证券登记结算机构有权按照业务规则处理前款所述财产。

第一百六十八条　证券登记结算机构按照业务规则收取的各类结算资金和证券，必须存放于专门的清算交收账户，只能按业务规则用于已成交的证券交易的清算交收，不得被强制执行。

第八章　证券服务机构

第一百六十九条　投资咨询机构、财务顾问机构、资信评级机构、资产评估机构、会计师事务所从事证券服务业务，必须经国务院证券监督管理机构和有关主管部门批准。投资咨询机构、财务顾问机构、资信评级机构、资产评估机构、会计师事务所从事证券服务业务的审批管理办法，由国务院证券监督管理机构和有关主管部门制定。

第一百七十条　投资咨询机构、财务顾问机构、资信评级机构从事证券服务业务的人员，必须具备证券专业知识和从事证券业务或者证券服务业务二年以上经验。认定其证券从业资格的标准和管理办法，由国务院证券监督管理机构制定。

第一百七十一条　投资咨询机构及其从业人员从事证券服务业务不得有下列行为：（一）代理委托人从事证券投资；（二）与委托人约定分享证券投资收益或者分担证券投资损失；（三）买卖本咨询机构提供服务的上市公司股票；（四）利用传播媒介或者通过其他方式提供、传播虚假或者误导投资者的信息；（五）法律、行政法规禁止的其他行为。有前款所列行为之一，给投资者造成损失的，依法承担赔偿责任。

第一百七十二条　从事证券服务业务的投资咨询机构和资信评级机构，应当按照国务院有关主管部门规定的标准或者收费办法收取服务费用。

第一百七十三条　证券服务机构为证券的发行、上市、交易等证券业务活动制作、出具审计报告、资产评估报告、财务顾问报告、资信评级报告或者法律意见书等文件，应当勤勉尽责，对所依据的文件资料内容的真实性、准确性、完整性进行核查和验证。其制作、出具的文件有虚假记载、误导性陈述或者重大遗漏，给他人造成损失的，应当与发行人、上市公司承担连带赔偿责任，但是能够证明自己没有过错的除外。

第九章　证券业协会

第一百七十四条　证券业协会是证券业的自律性组织，是社会团体法人。证券公司应当加入证券业协会。证券业协会的权力机构为全体会员组成的会员大会。

第一百七十五条　证券业协会章程由会员大会制定，并报国务院证券监督管理机构备案。

第一百七十六条　证券业协会履行下列职责：（一）教育和组织会员遵守证券法律、行政法规；（二）依法维护会员的合法权益，向证券监督管理机构反映会员的建议和要求；（三）收集整理证券信息，为会员提供服务；（四）制定会员应遵守的规则，组织会员单位的从业人员的业务培训，开展会员间的业务交流；（五）对会员之间、会员与客户之间发生的证券业务纠纷进行调解；（六）组织会员就证券业的发展、运作及有关内容进行研究；（七）监督、检查会员行为，对违反法律、行政法规或者协会章程的，按照规定给予纪律处分；（八）证券业协会章程规定的其他职责。

第一百七十七条　证券业协会设理事会。理事会成员依章程的规定由选举产生。

第十章　证券监督管理机构

第一百七十八条　国务院证券监督管理机构依法对证券市场实行监督管理，维护证券市场秩序，保障其合法运行。

第一百七十九条　国务院证券监督管理机构在对证券市场实施监督管理中履行下列职责：（一）依法制定有关证券市场监督管理的规章、规则，并依法行使审批或者核准权；（二）依法对证券的发行、上市、交易、登记、存管、结算，进行监督管理；（三）依法对证券发行人、上市公司、证券公司、证券投资基金管理公司、证券服务机构、证券交易所、证券登记结算机构的证券业务活动，进行监督管理；（四）依法制定从事证券业务人员的资格标准和行为准则，并监督实施；（五）依法监督检查证券发行、上市和交易的信息公开情况；（六）依法对证券业协会的活动进行指导和监督；（七）依法对违反证券市场监督管理法律、行政法规的行为进行查处；（八）法律、行政法规规定的其他职责。国务院证券监督管理机构可以和其他国家或者地区的证券监督管理机构建立监督管理合作机制，实施跨境监督管理。

第一百八十条　国务院证券监督管理机构依法履行职责，有权采取下列措施：（一）对证券发行人、上市公司、证券公司、证券投资基金管理公司、证券服务机构、证券交易所、证券登记结算机构进行现场检查；（二）进入涉嫌违法行为发生场所调查取证；（三）询问当事人和与被调查事件有关的单位和个人，要求其对与被调查事件有关的事项作出说明；（四）查阅、复制与被调查事件有关的财产权登记、通讯记录等资料；（五）查阅、复制当事人和与被调查事件有关的单位和个人的证券交易记录、登记过户记录、财务会计资料及其他相关文件和资料；对可能被转移、隐匿或者毁损的文件和资料，可以予以封存；（六）查询当事人和与被调查事件有关的单位和个人的资金账户、证券账户和银行账户；对有证据证明已经或者可能转移或者隐匿违法资金、证券等涉案财产或者隐匿、伪造、毁损重要证据的，经国务院证券监督管理机构主要负责人批准，可以冻结或者查封；（七）在调查操纵证券市场、内幕交易等重大证券违法行为时，经国务院证券监督管理机构主要负责人批准，可以限制被调查事件当事人的证券买卖，但限制的期限不得超过十五个交易日；案情复杂的，可以延长十五个交易日。

第一百八十一条 国务院证券监督管理机构依法履行职责，进行监督检查或者调查，其监督检查、调查的人员不得少于二人，并应当出示合法证件和监督检查、调查通知书。监督检查、调查的人员少于二人或者未出示合法证件和监督检查、调查通知书的，被检查、调查的单位有权拒绝。

第一百八十二条 国务院证券监督管理机构工作人员必须忠于职守，依法办事，公正廉洁，不得利用职务便利牟取不正当利益，不得泄露所知悉的有关单位和个人的商业秘密。

第一百八十三条 国务院证券监督管理机构依法履行职责，被检查、调查的单位和个人应当配合，如实提供有关文件和资料，不得拒绝、阻碍和隐瞒。

第一百八十四条 国务院证券监督管理机构依法制定的规章、规则和监督管理工作制度应当公开。国务院证券监督管理机构依据调查结果，对证券违法行为作出的处罚决定，应当公开。

第一百八十五条　国务院证券监督管理机构应当与国务院其他金融监督管理机构建立监督管理信息共享机制。国务院证券监督管理机构依法履行职责，进行监督检查或者调查时，有关部门应当予以配合。

第一百八十六条　国务院证券监督管理机构依法履行职责，发现证券违法行为涉嫌犯罪的，应当将案件移送司法机关处理。

第一百八十七条　国务院证券监督管理机构的人员不得在被监管的机构中任职。

第十一章　法律责任

第一百八十八条　未经法定机关核准，擅自公开或者变相公开发行证券的，责令停止发行，退还所募资金并加算银行同期存款利息，处以非法所募资金金额百分之一以上百分之五以下的罚款；对擅自公开或者变相公开发行证券设立的公司，由依法履行监督管理职责的机构或者部门会同县级以上地方人民政府予以取缔。对直接负责的主管人员和其他直接责任人员给予警告，并处以三万元以上三十万元以下的罚款。

第一百八十九条　发行人不符合发行条件，以欺骗手段骗取发行核准，尚未发行证券的，处以三十万元以上六十万元以下的罚款；已经发行证券的，处以非法所募资金金额百分之一以上百分之五以下的罚款。对直接负责的主管人员和其他直接责任人员处以三万元以上三十万元以下的罚款。发行人的控股股东、实际控制人指使从事前款违法行为的，依照前款的规定处罚。

第一百九十条　证券公司承销或者代理买卖未经核准擅自公开发行的证券的，责令停止承销或者代理买卖，没收违法所得，并处以违法所得一倍以上五倍以下的罚款；没有违法所得或者违法所得不足三十万元的，处以三十万元以上六十万元以下的罚款。给投资者造成损失的，应当与发行人承担连带赔偿责任。对直接负责的主管人员和其他直接责任人员给予警告，撤销任职资格或者证券从业资格，并处以三万元以上三十万元以下的罚款。

第一百九十一条　证券公司承销证券，有下列行为之一的，责令改正，给予警告，没收违法所得，可以并处三十万元以上六十万元以下的罚款；情节严重的，暂停或者撤销相关业务许可。给其他证券承销机构或者投资者造成损失的，依法承担赔偿责任。对直接负责的主管人员和其他直接责任人员给予警告，可以并处三万元以上三十万元以下的罚款；情节严重的，撤销任职资格或者证券从业资格：（一）进行虚假的或者误导投资者的广告或者其他宣传推介活动；（二）以不正当竞争手段招揽承销业务；（三）其他违反证券承销业务规定的行为。

第一百九十二条　保荐人出具有虚假记载、误导性陈述或者重大遗漏的保荐书，或者不履行其他法定职责的，责令改正，给予警告，没收业务收入，并处以业务收入一倍以上五倍以下的罚款；情节严重的，暂停或者撤销相关业务许可。对直接负责的主管人员和其他直接责任人员给予警告，并处以三万元以上三十万元以下的罚款；情节严重的，撤销任职资格或者证券从业资格。

第一百九十三条　发行人、上市公司或者其他信息披露义务人未按照规定披露信息，或者所披露的信息有虚假记载、误导性陈述或者重大遗漏的，责令改正，给予警告，并处以三十万元以上六十万元以下的罚款。对直接负责的主管人员和其他直接责任人员给予警告，并处以三万元以上三十万元以下的罚款。发行人、上市公司或者其他信息披露义务人未按照规定报送有关报告，或者报送的报告有虚假记载、误导性陈述或者重大遗漏的，责令改正，给予警告，并处以三十万元以上六十万元以下的罚款。对直接负责的主管人员和其他直接责任人员给予警告，并处以三万元以上三十万元以下的罚款。发行人、上市公司或者其他信息披露义务人的控股股东、实际控制人指使从事前两款违法行为的，依照前两款的规定处罚。

第一百九十四条　发行人、上市公司擅自改变公开发行证券所募集资金的用途的，责令改正，对直接负责的主管人员和其他直接责任人员给予警告，并处以三万元以上三十万元以下的罚款。发行人、上市公司的控股股东、实际控制人指使从事前款违法行为的，给予警告，并处以三十万元以上六十万元以下的罚款。对直接负责的主管人员和其他直接责任人员依照前款的规定处罚。

第一百九十五条　上市公司的董事、监事、高级管理人员、持有上市公司股份百分之五以上的股东，违反本法第四十七条的规定买卖本公司股票的，给予警告，可以并处三万元以上十万元以下的罚款。

第一百九十六条　非法开设证券交易场所的，由县级以上人民政府予以取缔，没收违法所得，并处以违法所得一倍以上五倍以下的罚款；没有违法所得或者违法所得不足十万元的，处以十万元以上五十万元以下的罚款。

对直接负责的主管人员和其他直接责任人员给予警告，并处以三万元以上三十万元以下的罚款。

第一百九十七条　未经批准，擅自设立证券公司或者非法经营证券业务的，由证券监督管理机构予以取缔，没收违法所得，并处以违法所得一倍以上五倍以下的罚款；没有违法所得或者违法所得不足三十万元的，处以三十万元以上六十万元以下的罚款。对直接负责的主管人员和其他直接责任人员给予警告，并处以三万元以上三十万元以下的罚款。

第一百九十八条　违反本法规定，聘任不具有任职资格、证券从业资格的人员的，由证券监督管理机构责令改正，给予警告，可以并处十万元以上三十万元以下的罚款；对直接负责的主管人员给予警告，可以并处三万元以上十万元以下的罚款。

第一百九十九条　法律、行政法规规定禁止参与股票交易的人员，直接或者以化名、借他人名义持有、买卖股票的，责令依法处理非法持有的股票，没收违法所得，并处以买卖股票等值以下的罚款；属于国家工作人员的，还应当依法给予行政处分。

第二百条　证券交易所、证券公司、证券登记结算机构、证券服务机构的从业人员或者证券业协会的工作人员，故意提供虚假资料，隐匿、伪造、篡改或者毁损交易记录，诱骗投资者买卖证券的，撤销证券从业资格，并处以三万元以上十万元以下的罚款；属于国家工作人员的，还应当依法给予行政处分。

第二百零一条　为股票的发行、上市、交易出具审计报告、资产评估报告或者法律意见书等文件的证券服务机构和人员，违反本法第四十五条的规定买卖股票的，责令依法处理非法持有的股票，没收违法所得，并处以买卖股票等值以下的罚款。

第二百零二条　证券交易内幕信息的知情人或者非法获取内幕信息的人，在涉及证券的发行、交易或者其他对证券的价格有重大影响的信息公开前，买卖该证券，或者泄露该信息，或者建议他人买卖该证券的，责令依法处理非法持有的证券，没收违法所得，并处以违法所得一倍以上五倍以下的罚款；没有违法所得或者违法所得不足三万元的，处以三万元以上六十万元以下的罚款。单位从事内幕交易的，还应当对直接负责的主管人员和其他直接责任人员给予警告，并处以三万元以上三十万元以下的罚款。证券监督管理机构工作人员进行内幕交易的，从重处罚。

第二百零三条　违反本法规定，操纵证券市场的，责令依法处理非法持有的证券，没收违法所得，并处以违法所得一倍以上五倍以下的罚款；没有违法所得或者违法所得不足三十万元的，处以三十万元以上三百万元以下的罚款。单位操纵证券市场的，还应当对直接负责的主管人员和其他直接责任人员给予警告，并处以十万元以上六十万元以下的罚款。

第二百零四条　违反法律规定，在限制转让期限内买卖证券的，责令改正，给予警告，并处以买卖证券等值以下的罚款。对直接负责的主管人员和其他直接责任人员给予警告，并处以三万元以上三十万元以下的罚款。

第二百零五条　证券公司违反本法规定，为客户买卖证券提供融资融券的，没收违法所得，暂停或者撤销相关业务许可，并处以非法融资融券等值以下的罚款。对直接负责的主管人员和其他直接责任人员给予警告，撤销任职资格或者证券从业资格，并处以三万元以上三十万元以下的罚款。

第二百零六条 违反本法第七十八条第一款、第三款的规定，扰乱证券市场的，由证券监督管理机构责令改正，没收违法所得，并处以违法所得一倍以上五倍以下的罚款；没有违法所得或者违法所得不足三万元的，处以三万元以上二十万元以下的罚款。

第二百零七条 违反本法第七十八条第二款的规定，在证券交易活动中作出虚假陈述或者信息误导的，责令改正，处以三万元以上二十万元以下的罚款；属于国家工作人员的，还应当依法给予行政处分。

第二百零八条 违反本法规定，法人以他人名义设立账户或者利用他人账户买卖证券的，责令改正，没收违法所得，并处以违法所得一倍以上五倍以下的罚款；没有违法所得或者违法所得不足三万元的，处以三万元以上三十万元以下的罚款。对直接负责的主管人员和其他直接责任人员给予警告，并处以三万元以上十万元以下的罚款。证券公司为前款规定的违法行为提供自己或者他人的证券交易账户的，除依照前款的规定处罚外，还应当撤销直接负责的主管人员和其他直接责任人员的任职资格或者证券从业资格。

第二百零九条 证券公司违反本法规定，假借他人名义或者以个人名义从事证券自营业务的，责令改正，没收违法所得，并处以违法所得一倍以上五倍以下的罚款；没有违法所得或者违法所得不足三十万元的，处以三十万元以上六十万元以下的罚款；情节严重的，暂停或者撤销证券自营业务许可。对直接负责的主管人员和其他直接责任人员给予警告，撤销任职资格或者证券从业资格，并处以三万元以上十万元以下的罚款。

第二百一十条　证券公司违背客户的委托买卖证券、办理交易事项，或者违背客户真实意思表示，办理交易以外的其他事项的，责令改正，处以一万元以上十万元以下的罚款。给客户造成损失的，依法承担赔偿责任。

第二百一十一条　证券公司、证券登记结算机构挪用客户的资金或者证券，或者未经客户的委托，擅自为客户买卖证券的，责令改正，没收违法所得，并处以违法所得一倍以上五倍以下的罚款；没有违法所得或者违法所得不足十万元的，处以十万元以上六十万元以下的罚款；情节严重的，责令关闭或者撤销相关业务许可。对直接负责的主管人员和其他直接责任人员给予警告，撤销任职资格或者证券从业资格，并处以三万元以上三十万元以下的罚款。

第二百一十二条　证券公司办理经纪业务，接受客户的全权委托买卖证券的，或者证券公司对客户买卖证券的收益或者赔偿证券买卖的损失作出承诺的，责令改正，没收违法所得，并处以五万元以上二十万元以下的罚款，可以暂停或者撤销相关业务许可。对直接负责的主管人员和其他直接责任人员给予警告，并处以三万元以上十万元以下的罚款，可以撤销任职资格或者证券从业资格。

第二百一十三条　收购人未按照本法规定履行上市公司收购的公告、发出收购要约等义务的，责令改正，给予警告，并处以十万元以上三十万元以下的罚款；在改正前，收购人对其收购或者通过协议、其他安排与他人共同收购的股份不得行使表决权。对直接负责的主管人员和其他直接责任人员给予警告，并处以三万元以上三十万元以下的罚款。

第二百一十四条　收购人或者收购人的控股股东，利用上市公司收购，损害被收购公司及其股东的合法权益的，责令改正，给予警告；情节严重的，并处以十万元以上六十万元以下的罚款。给被收购公司及其股东造成损失的，依法承担赔偿责任。对直接负责的主管人员和其他直接责任人员给予警告，并处以三万元以上三十万元以下的罚款。

第二百一十五条　证券公司及其从业人员违反本法规定，私下接受客户委托买卖证券的，责令改正，给予警告，没收违法所得，并处以违法所得一倍以上五倍以下的罚款；没有违法所得或者违法所得不足十万元的，处以十万元以上三十万元以下的罚款。

第二百一十六条　证券公司违反规定，未经批准经营非上市证券的交易的，责令改正，没收违法所得，并处以违法所得一倍以上五倍以下的罚款。

第二百一十七条　证券公司成立后，无正当理由超过三个月未开始营业的，或者开业后自行停业连续三个月以上的，由公司登记机关吊销其公司营业执照。

第二百一十八条　证券公司违反本法第一百二十九条的规定，擅自设立、收购、撤销分支机构，或者合并、分立、停业、解散、破产，或者在境外设立、收购、参股证券经营机构的，责令改正，没收违法所得，并处以违法所得一倍以上五倍以下的罚款；没有违法所得或者违法所得不足十万元的，处以十万元以上六十万元以下的罚款。对直接负责的主管人员给予警告，并处以三万元以上十万元以下的罚款。证券公司违反本法第一百二十九条的规定，擅自变更有关事项的，责令改正，并处以十万元以上三十万元以下的罚款。对直接负责的主管人员给予警告，并处以五万元以下的罚款。

第二百一十九条　证券公司违反本法规定，超出业务许可范围经营证券业务的，责令改正，没收违法所得，并处以违法所得一倍以上五倍以下的罚款；没有违法所得或者违法所得不足三十万元的，处以三十万元以上六十万元以下罚款；情节严重的，责令关闭。对直接负责的主管人员和其他直接责任人员给予警告，撤销任职资格或者证券从业资格，并处以三万元以上十万元以下的罚款。

第二百二十条　证券公司对其证券经纪业务、证券承销业务、证券自营业务、证券资产管理业务，不依法分开办理，混合操作的，责令改正，没收违法所得，并处以三十万元以上六十万元以下的罚款；情节严重的，撤销相关业务许可。对直接负责的主管人员和其他直接责任人员给予警告，并处以三万元以上十万元以下的罚款；情节严重的，撤销任职资格或者证券从业资格。

第二百二十一条　提交虚假证明文件或者采取其他欺诈手段隐瞒重要事实骗取证券业务许可的，或者证券公司在证券交易中有严重违法行为，不再具备经营资格的，由证券监督管理机构撤销证券业务许可。

第二百二十二条　证券公司或者其股东、实际控制人违反规定，拒不向证券监督管理机构报送或者提供经营管理信息和资料，或者报送、提供的经营管理信息和资料有虚假记载、误导性陈述或者重大遗漏的，责令改正，给予警告，并处以三万元以上三十万元以下的罚款，可以暂停或者撤销证券公司相关业务许可。对直接负责的主管人员和其他直接责任人员，给予警告，并处以三万元以下的罚款，可以撤销任职资格或者证券从业资格。证券公司为其股东或者股东的关联人提供融资或者担保的，责令改正，给予警告，并处以十万元以上三十万元以下的罚款。对直接负责的主管人员和其他直接责任人员，处以三万元以上十万元以下的罚款。股东有过错的，在按照要求改正前，国务院证券监督管理机构可以限制其股东权利；拒不改正的，可以责令其转让所持证券公司股权。

第二百二十三条　证券服务机构未勤勉尽责，所制作、出具的文件有虚假记载、误导性陈述或者重大遗漏的，责令改正，没收业务收入，暂停或者撤销证券服务业务许可，并处以业务收入一倍以上五倍以下的罚款。对直接负责的主管人员和其他直接责任人员给予警告，撤销证券从业资格，并处以三万元以上十万元以下的罚款。

第二百二十四条　违反本法规定，发行、承销公司债券的，由国务院授权的部门依照本法有关规定予以处罚。

第二百二十五条　上市公司、证券公司、证券交易所、证券登记结算机构、证券服务机构，未按照有关规定保存有关文件和资料的，责令改正，给予警告，并处以三万元以上三十万元以下的罚款；隐匿、伪造、篡改或者毁损有关文件和资料的，给予警告，并处以三十万元以上六十万元以下的罚款。

第二百二十六条　未经国务院证券监督管理机构批准，擅自设立证券登记结算机构的，由证券监督管理机构予以取缔，没收违法所得，并处以违法所得一倍以上五倍以下的罚款。投资咨询机构、财务顾问机构、资信评级机构、资产评估机构、会计师事务所未经批准，擅自从事证券服务业务的，责令改正，没收违法所得，并处以违法所得一倍以上五倍以下的罚款。证券登记结算机构、证券服务机构违反本法规定或者依法制定的业务规则的，由证券监督管理机构责令改正，没收违法所得，并处以违法所得一倍以上五倍以下的罚款；没有违法所得或者违法所得不足十万元的，处以十万元以上三十万元以下的罚款；情节严重的，责令关闭或者撤销证券服务业务许可。

第二百二十七条　国务院证券监督管理机构或者国务院授权的部门有下列情形之一的，对直接负责的主管人员和其他直接责任人员，依法给予行政处分：（一）对不符合本法规定的发行证券、设立证券公司等申请予以核准、批准的；（二）违反规定采取本法第一百八十条规定的现场检查、调查取证、查询、冻结或者查封等措施的；（三）违反规定对有关机构和人员实施行政处罚的；（四）其他不依法履行职责的行为。

第二百二十八条　证券监督管理机构的工作人员和发行审核委员会的组成人员，不履行本法规定的职责，滥用职权、玩忽职守，利用职务便利牟取不正当利益，或者泄露所知悉的有关单位和个人的商业秘密的，依法追究法律责任。

第二百二十九条　证券交易所对不符合本法规定条件的证券上市申请予以审核同意的，给予警告，没收业务收入，并处以业务收入一倍以上五倍以下的罚款。对直接负责的主管人员和其他直接责任人员给予警告，并处以三万元以上三十万元以下的罚款。

第二百三十条　拒绝、阻碍证券监督管理机构及其工作人员依法行使监督检查、调查职权未使用暴力、威胁方法的，依法给予治安管理处罚。

第二百三十一条　违反本法规定，构成犯罪的，依法追究刑事责任。

第二百三十二条　违反本法规定，应当承担民事赔偿责任和缴纳罚款、罚金，其财产不足以同时支付时，先承担民事赔偿责任。

第二百三十三条　违反法律、行政法规或者国务院证券监督管理机构的有关规定，情节严重的，国务院证券监督管理机构可以对有关责任人员采取证券市场禁入的措施。前款所称证券市场禁入，是指在一定期限内直至终身不得从事证券业务或者不得担任上市公司董事、监事、高级管理人员的制度。

第二百三十四条　依照本法收缴的罚款和没收的违法所得，全部上缴国库。

第二百三十五条　当事人对证券监督管理机构或者国务院授权的部门的处罚决定不服的，可以依法申请行政复议，或者依法直接向人民法院提起诉讼。

第十二章　附则

第二百三十六条　本法施行前依照行政法规已批准在证券交易所上市交易的证券继续依法进行交易。本法施行前依照行政法规和国务院金融行政管理部门的规定经批准设立的证券经营机构，不完全符合本法规定的，应当在规定的限期内达到本法规定的要求。具体实施办法，由国务院另行规定。

第二百三十七条　发行人申请核准公开发行股票、公司债券，应当按照规定缴纳审核费用。

第二百三十八条　境内企业直接或者间接到境外发行证券或者将其证券在境外上市交易，必须经国务院证券监督管理机构依照国务院的规定批准。

第二百三十九条　境内公司股票以外币认购和交易的，具体办法由国务院另行规定。

第二百四十条　本法自2006年1月1日起施行。

附录二

中华人民共和国公司法

（1993年12月29日第八届全国人民代表大会常务委员会第五次会议通过根据1999年12月25日第九届全国人民代表大会常务委员会第十三次会议《关于修改〈中华人民共和国公司法〉的决定》第一次修正 根据2004年8月28日第十届全国人民代表大会常务委员会第十一次会议《关于修改〈中华人民共和国公司法〉的决定》第二次修正 2005年10月27日第十届全国人民代表大会常务委员会第十八次会议修订 根据2013年12月28日第十二届全国人民代表大会常务委员会第六次会议《关于修改〈中华人民共和国海洋环境保护法〉等七部法律的决定》第三次修正）

目　录

第一章 总则

第一条 为了规范公司的组织和行为，保护公司、股东和债权人的合法权益，维护社会经济秩序，促进社会主义市场经济的发展，制定本法。

第二条 本法所称公司是指依照本法在中国境内设立的有限责任公司和股份有限公司。

第三条 公司是企业法人，有独立的法人财产，享有法人财产权。公司以其全部财产对公司的债务承担责任。有限责任公司的股东以其认缴的出资额为限对公司承担责任；股份有限公司的股东以其认购的股份为限对公司承担责任。

第四条 公司股东依法享有资产收益、参与重大决策和选择管理者等权利。

第五条 公司从事经营活动，必须遵守法律、行政法规，遵守社会公德、商业道德，诚实守信，接受政府和社会公众的监督，承担社会责任。公司的合法权益受法律保护，不受侵犯。

第六条 设立公司，应当依法向公司登记机关申请设立登记。符合本法规定的设立条件的，由公司登记机关分别登记为有限责任公司或者股份有限公司；不符合本法规定的设立条件的，不得登记为有限责任公司或者股份有限公司。法律、行政法规规定设立公司必须报经批准的，应当在公司登记前依法办理批准手续。公众可以向公司登记机关申请查询公司登记事项，公司登记机关应当提供查询服务。

第七条 依法设立的公司，由公司登记机关发给公司营业执照。公司营业执照签发日期为公司成立日期。公司营业执照应当载明公司的名称、住所、注册资本、经营范围、法定代表人姓名等事项。公司营业执照记载的事项发生变更的，公司应当依法办理变更登记，由公司登记机关换发营业执照。

第八条　依照本法设立的有限责任公司，必须在公司名称中标明有限责任公司或者有限公司字样。依照本法设立的股份有限公司，必须在公司名称中标明股份有限公司或者股份公司字样。

第九条　有限责任公司变更为股份有限公司，应当符合本法规定的股份有限公司的条件。股份有限公司变更为有限责任公司，应当符合本法规定的有限责任公司的条件。有限责任公司变更为股份有限公司的，或者股份有限公司变更为有限责任公司的，公司变更前的债权、债务由变更后的公司承继。

第十条　公司以其主要办事机构所在地为住所。

第十一条　设立公司必须依法制定公司章程。公司章程对公司、股东、董事、监事、高级管理人员具有约束力。

第十二条　公司的经营范围由公司章程规定，并依法登记。公司可以修改公司章程，改变经营范围，但是应当办理变更登记。公司的经营范围中属于法律、行政法规规定须经批准的项目，应当依法经过批准。

第十三条　公司法定代表人依照公司章程的规定，由董事长、执行董事或者经理担任，并依法登记。公司法定代表人变更，应当办理变更登记。

第十四条　公司可以设立分公司。设立分公司，应当向公司登记机关申请登记，领取营业执照。分公司不具有法人资格，其民事责任由公司承担。公司可以设立子公司，子公司具有法人资格，依法独立承担民事责任。

第十五条　公司可以向其他企业投资；但是，除法律另有规定外，不得成为对所投资企业的债务承担连带责任的出资人。

第十六条　公司向其他企业投资或者为他人提供担保，依照公司章程的规定，由董事会或者股东会、股东大会决议；公司章程对投资或者担保的总额及单项投资或者担保的数额有限额规定的，不得超过规定的限额。公司为公司股东或者实际控制人提供担保的，必须经股东会或者股东大会决议。前款规定的股东或者受前款规定的实际控制人支配的股东，不得参加前款规定事项的表决。该项表决由出席会议的其他股东所持表决权的过半数通过。

第十七条　公司必须保护职工的合法权益，依法与职工签订劳动合同，参加社会保险，加强劳动保护，实现安全生产。公司应当采用多种形式，加强公司职工的职业教育和岗位培训，提高职工素质。

第十八条　公司职工依照《中华人民共和国工会法》组织工会，开展工会活动，维护职工合法权益。公司应当为本公司工会提供必要的活动条件。公司工会代表职工就职工的劳动报酬、工作时间、福利、保险和劳动安全卫生等事项依法与公司签订集体合同。公司依照宪法和有关法律的规定，通过职工代表大会或者其他形式，实行民主管理。公司研究决定改制以及经营方面的重大问题、制定重要的规章制度时，应当听取公司工会的意见，并通过职工代表大会或者其他形式听取职工的意见和建议。

第十九条　在公司中，根据中国共产党章程的规定，设立中国共产党的组织，开展党的活动。公司应当为党组织的活动提供必要条件。

第二十条　公司股东应当遵守法律、行政法规和公司章程，依法行使股东权利，不得滥用股东权利损害公司或者其他股东的利益；不得滥用公司法人独立地位和股东有限责任损害公司债权人的利益。公司股东滥用股东权利给公司或者其他股东造成损失的，应当依法承担赔偿责任。公司股东滥用公司法人独立地位和股东有限责任，逃避债务，严重损害公司债权人利益的，应当对公司债务承担连带责任。

第二十一条　公司的控股股东、实际控制人、董事、监事、高级管理人员不得利用其关联关系损害公司利益。违反前款规定，给公司造成损失的，应当承担赔偿责任。

第二十二条　公司股东会或者股东大会、董事会的决议内容违反法律、行政法规的无效。股东会或者股东大会、董事会的会议召集程序、表决方式违反法律、行政法规或者公司章程，或者决议内容违反公司章程的，股东可以自决议作出之日起六十日内，请求人民法院撤销。股东依照前款规定提起诉讼的，人民法院可以应公司的请求，要求股东提供相应担保。公司根据股东会或者股东大会、董事会决议已办理变更登记的，人民法院宣告该决议无效或者撤销该决议后，公司应当向公司登记机关申请撤销变更登记。

第二章　有限责任公司的设立和组织机构

第一节　设立

第二十三条　设立有限责任公司，应当具备下列条件：（一）股东符合法定人数；（二）有符合公司章程规定的全体股东认缴的出资额；（三）股东共同制定公司章程；（四）有公司名称，建立符合有限责任公司要求的组织机构；（五）有公司住所。

第二十四条　有限责任公司由五十个以下股东出资设立。

第二十五条　有限责任公司章程应当载明下列事项：（一）公司名称和住所；（二）公司经营范围；（三）公司注册资本；（四）股东的姓名或者名称；（五）股东的出资方式、出资额和出资时间；（六）公司的机构及其产生办法、职权、议事规则；（七）公司法定代表人；（八）股东会会议认为需要规定的其他事项。股东应当在公司章程上签名、盖章。

第二十六条　有限责任公司的注册资本为在公司登记机关登记的全体股东认缴的出资额。法律、行政法规以及国务院决定对有限责任公司注册资本实缴、注册资本最低限额另有规定的，从其规定。

第二十七条　股东可以用货币出资，也可以用实物、知识产权、土地使用权等可以用货币估价并可以依法转让的非货币财产作价出资；但是，法律、行政法规规定不得作为出资的财产除外。对作为出资的非货币财产应当评估作价，核实财产，不得高估或者低估作价。法律、行政法规对评估作价有规定的，从其规定。

第二十八条　股东应当按期足额缴纳公司章程中规定的各自所认缴的出资额。股东以货币出资的，应当将货币出资足额存入有限责任公司在银行开设的账户；以非货币财产出资的，应当依法办理其财产权的转移手续。股东不按照前款规定缴纳出资的，除应当向公司足额缴纳外，还应当向已按期足额缴纳出资的股东承担违约责任。

第二十九条　股东认足公司章程规定的出资后，由全体股东指定的代表或者共同委托的代理人向公司登记机关报送公司登记申请书、公司章程等文件，申请设立登记。

第三十条　有限责任公司成立后，发现作为设立公司出资的非货币财产的实际价额显著低于公司章程所定价额的，应当由交付该出资的股东补足其差额；公司设立时的其他股东承担连带责任。

第三十一条　有限责任公司成立后，应当向股东签发出资证明书。出资证明书应当载明下列事项：（一）公司名称；（二）公司成立日期；（三）公司注册资本；（四）股东的姓名或者名称、缴纳的出资额和出资日期；（五）出资证明书的编号和核发日期。出资证明书由公司盖章。

第三十二条　有限责任公司应当置备股东名册，记载下列事项：（一）股东的姓名或者名称及住所；（二）股东的出资额；（三）出资证明书编号。记载于股东名册的股东，可以依股东名册主张行使股东权利。公司应当将股东的姓名或者名称向公司登记机关登记；登记事项发生变更的，应当办理变更登记。未经登记或者变更登记的，不得对抗第三人。

第三十三条　股东有权查阅、复制公司章程、股东会会议记录、董事会会议决议、监事会会议决议和财务会计报告。股东可以要求查阅公司会计账簿。股东要求查阅公司会计账簿的，应当向公司提出书面请求，说明目的。公司有合理根据认为股东查阅会计账簿有不正当目的，可能损害公司合法利益的，可以拒绝提供查阅，并应当自股东提出书面请求之日起十五日内书面答复股东并说明理由。公司拒绝提供查阅的，股东可以请求人民法院要求公司提供查阅。

第三十四条　股东按照实缴的出资比例分取红利；公司新增资本时，股东有权优先按照实缴的出资比例认缴出资。但是，全体股东约定不按照出资比例分取红利或者不按照出资比例优先认缴出资的除外。

第三十五条　公司成立后，股东不得抽逃出资。

第二节　组织机构

第三十六条　有限责任公司股东会由全体股东组成。股东会是公司的权力机构，依照本法行使职权。

第三十七条　股东会行使下列职权：（一）决定公司的经营方针和投资计划；（二）选举和更换非由职工代表担任的董事、监事，决定有关董事、监事的报酬事项；（三）审议批准董事会的报告；（四）审议批准监事会或者监事的报告；（五）审议批准公司的年度财务预算方案、决算方案；（六）审议批准公司的利润分配方案和弥补亏损方案；（七）对公司增加或者减少注册资本作出决议；（八）对发行公司债券作出决议；（九）对公司合并、分立、解散、清算或者变更公司形式作出决议；（十）修改公司章程；（十一）公司章程规定的其他职权。对前款所列事项股东以书面形式一致表示同意的，可以不召开股东会会议，直接作出决定，并由全体股东在决定文件上签名、盖章。

第三十八条　首次股东会会议由出资最多的股东召集和主持，依照本法规定行使职权。

第三十九条　股东会会议分为定期会议和临时会议。定期会议应当依照公司章程的规定按时召开。代表十分之一以上表决权的股东，三分之一以上的董事，监事会或者不设监事会的公司的监事提议召开临时会议的，应当召开临时会议。

第四十条　有限责任公司设立董事会的，股东会会议由董事会召集，董事长主持；董事长不能履行职务或者不履行职务的，由副董事长主持；副董事长不能履行职务或者不履行职务的，由半数以上董事共同推举一名董事主持。有限责任公司不设董事会的，股东会会议由执行董事召集和主持。董事会或者执行董事不能履行或者不履行召集股东会会议职责的，由监事会或者不设监事会的公司的监事召集和主持；监事会或者监事不召集和主持的，代表十分之一以上表决权的股东可以自行召集和主持。

第四十一条　召开股东会会议，应当于会议召开十五日前通知全体股东；但是，公司章程另有规定或者全体股东另有约定的除外。股东会应当对所议事项的决定作成会议记录，出席会议的股东应当在会议记录上签名。

第四十二条　股东会会议由股东按照出资比例行使表决权；但是，公司章程另有规定的除外。

第四十三条　股东会的议事方式和表决程序，除本法有规定的外，由公司章程规定。股东会会议作出修改公司章程、增加或者减少注册资本的决议，以及公司合并、分立、解散或者变更公司形式的决议，必须经代表三分之二以上表决权的股东通过。

第四十四条　有限责任公司设董事会，其成员为三人至十三人；但是，本法第五十条另有规定的除外。两个以上的国有企业或者两个以上的其他国有投资主体投资设立的有限责任公司，其董事会成员中应当有公司职工代表；其他有限责任公司董事会成员中可以有公司职工代表。董事会中的职工代表由公司职工通过职工代表大会、职工大会或者其他形式民主选举产生。董事会设董事长一人，可以设副董事长。董事长、副董事长的产生办法由公司章程规定。

第四十五条　董事任期由公司章程规定，但每届任期不得超过三年。董事任期届满，连选可以连任。董事任期届满未及时改选，或者董事在任期内辞职导致董事会成员低于法定人数的，在改选出的董事就任前，原董事仍应当依照法律、行政法规和公司章程的规定，履行董事职务。

第四十六条　董事会对股东会负责，行使下列职权：（一）召集股东会会议，并向股东会报告工作；（二）执行股东会的决议；（三）决定公司的经营计划和投资方案；（四）制订公司的年度财务预算方案、决算方案；（五）制订公司的利润分配方案和弥补亏损方案；（六）制订公司增加或者减少注册资本以及发行公司债券的方案；（七）制订公司合并、分立、解散或者变更公司形式的方案；（八）决定公司内部管理机构的设置；（九）决定聘任或者解聘公司经理及其报酬事项，并根据经理的提名决定聘任或者解聘公司副经理、财务负责人及其报酬事项；（十）制定公司的基本管理制度；（十一）公司章程规定的其他职权。

第四十七条　董事会会议由董事长召集和主持；董事长不能履行职务或者不履行职务的，由副董事长召集和主持；副董事长不能履行职务或者不履行职务的，由半数以上董事共同推举一名董事召集和主持。

第四十八条　董事会的议事方式和表决程序，除本法有规定的外，由公司章程规定。董事会应当对所议事项的决定作成会议记录，出席会议的董事应当在会议记录上签名。董事会决议的表决，实行一人一票。

第四十九条 有限责任公司可以设经理，由董事会决定聘任或者解聘。经理对董事会负责，行使下列职权：（一）主持公司的生产经营管理工作，组织实施董事会决议；（二）组织实施公司年度经营计划和投资方案；（三）拟订公司内部管理机构设置方案；（四）拟订公司的基本管理制度；（五）制定公司的具体规章；（六）提请聘任或者解聘公司副经理、财务负责人；（七）决定聘任或者解聘除应由董事会决定聘任或者解聘以外的负责管理人员；（八）董事会授予的其他职权。公司章程对经理职权另有规定的，从其规定。经理列席董事会会议。

第五十条 股东人数较少或者规模较小的有限责任公司，可以设一名执行董事，不设董事会。执行董事可以兼任公司经理。执行董事的职权由公司章程规定。

第五十一条 有限责任公司设监事会，其成员不得少于三人。股东人数较少或者规模较小的有限责任公司，可以设一至二名监事，不设监事会。监事会应当包括股东代表和适当比例的公司职工代表，其中职工代表的比例不得低于三分之一，具体比例由公司章程规定。监事会中的职工代表由公司职工通过职工代表大会、职工大会或者其他形式民主选举产生。监事会设主席一人，由全体监事过半数选举产生。监事会主席召集和主持监事会会议；监事会主席不能履行职务或者不履行职务的，由半数以上监事共同推举一名监事召集和主持监事会会议。董事、高级管理人员不得兼任监事。

第五十二条　监事的任期每届为三年。监事任期届满，连选可以连任。监事任期届满未及时改选，或者监事在任期内辞职导致监事会成员低于法定人数的，在改选出的监事就任前，原监事仍应当依照法律、行政法规和公司章程的规定，履行监事职务。

第五十三条　监事会、不设监事会的公司的监事行使下列职权:（一）检查公司财务；（二）对董事、高级管理人员执行公司职务的行为进行监督，对违反法律、行政法规、公司章程或者股东会决议的董事、高级管理人员提出罢免的建议；（三）当董事、高级管理人员的行为损害公司的利益时，要求董事、高级管理人员予以纠正；（四）提议召开临时股东会会议，在董事会不履行本法规定的召集和主持股东会会议职责时召集和主持股东会会议；（五）向股东会会议提出提案；（六）依照本法第一百五十一条的规定，对董事、高级管理人员提起诉讼；（七）公司章程规定的其他职权。

第五十四条　监事可以列席董事会会议，并对董事会决议事项提出质询或者建议。监事会、不设监事会的公司的监事发现公司经营情况异常，可以进行调查；必要时，可以聘请会计师事务所等协助其工作，费用由公司承担。

第五十五条　监事会每年度至少召开一次会议，监事可以提议召开临时监事会会议。监事会的议事方式和表决程序，除本法有规定的外，由公司章程规定。监事会决议应当经半数以上监事通过。监事会应当对所议事项的决定作成会议记录，出席会议的监事应当在会议记录上签名。

第五十六条　监事会、不设监事会的公司的监事行使职权所必需的费用，由公司承担。

第三节　一人有限责任公司的特别规定

第五十七条　一人有限责任公司的设立和组织机构，适用本节规定；本节没有规定的，适用本章第一节、第二节的规定。本法所称一人有限责任公司，是指只有一个自然人股东或者一个法人股东的有限责任公司。

第五十八条　一个自然人只能投资设立一个一人有限责任公司。该一人有限责任公司不能投资设立新的一人有限责任公司。

第五十九条　一人有限责任公司应当在公司登记中注明自然人独资或者法人独资，并在公司营业执照中载明。

第六十条　一人有限责任公司章程由股东制定。

第六十一条　一人有限责任公司不设股东会。股东作出本法第三十七条第一款所列决定时，应当采用书面形式，并由股东签名后置备于公司。

第六十二条　一人有限责任公司应当在每一会计年度终了时编制财务会计报告，并经会计师事务所审计。

第六十三条　一人有限责任公司的股东不能证明公司财产独立于股东自己的财产的，应当对公司债务承担连带责任。

第四节　国有独资公司的特别规定

第六十四条　国有独资公司的设立和组织机构，适用本节规定；本节没有规定的，适用本章第一节、第二节的规定。本法所称国有独资公司，是指国家单独出资、由国务院或者地方人民政府授权本级人民政府国有资产监督管理机构履行出资人职责的有限责任公司。

第六十五条　国有独资公司章程由国有资产监督管理机构制定，或者由董事会制订报国有资产监督管理机构批准。

第六十六条 国有独资公司不设股东会，由国有资产监督管理机构行使股东会职权。国有资产监督管理机构可以授权公司董事会行使股东会的部分职权，决定公司的重大事项，但公司的合并、分立、解散、增加或者减少注册资本和发行公司债券，必须由国有资产监督管理机构决定；其中，重要的国有独资公司合并、分立、解散、申请破产的，应当由国有资产监督管理机构审核后，报本级人民政府批准。前款所称重要的国有独资公司，按照国务院的规定确定。

第六十七条 国有独资公司设董事会，依照本法第四十六条、第六十六条的规定行使职权。董事每届任期不得超过三年。董事会成员中应当有公司职工代表。董事会成员由国有资产监督管理机构委派；但是，董事会成员中的职工代表由公司职工代表大会选举产生。董事会设董事长一人，可以设副董事长。董事长、副董事长由国有资产监督管理机构从董事会成员中指定。

第六十八条 国有独资公司设经理，由董事会聘任或者解聘。经理依照本法第四十九条规定行使职权。经国有资产监督管理机构同意，董事会成员可以兼任经理。

第六十九条 国有独资公司的董事长、副董事长、董事、高级管理人员，未经国有资产监督管理机构同意，不得在其他有限责任公司、股份有限公司或者其他经济组织兼职。

第七十条 国有独资公司监事会成员不得少于五人，其中职工代表的比例不得低于三分之一，具体比例由公司章程规定。监事会成员由国有资产监督管理机构委派；但是，监事会成员中的职工代表由公司职工代表大会选举产生。监事会主席由国有资产监督管理机构从监事会成员中指定。监事会行使本法第五十三条第（一）项至第（三）项规定的职权和国务院规定的其他职权。

第三章　有限责任公司的股权转让

第七十一条　有限责任公司的股东之间可以相互转让其全部或者部分股权。股东向股东以外的人转让股权，应当经其他股东过半数同意。股东应就其股权转让事项书面通知其他股东征求同意，其他股东自接到书面通知之日起满三十日未答复的，视为同意转让。其他股东半数以上不同意转让的，不同意的股东应当购买该转让的股权；不购买的，视为同意转让。经股东同意转让的股权，在同等条件下，其他股东有优先购买权。两个以上股东主张行使优先购买权的，协商确定各自的购买比例；协商不成的，按照转让时各自的出资比例行使优先购买权。公司章程对股权转让另有规定的，从其规定。

第七十二条　人民法院依照法律规定的强制执行程序转让股东的股权时，应当通知公司及全体股东，其他股东在同等条件下有优先购买权。其他股东自人民法院通知之日起满二十日不行使优先购买权的，视为放弃优先购买权。

第七十三条　依照本法第七十一条、第七十二条转让股权后，公司应当注销原股东的出资证明书，向新股东签发出资证明书，并相应修改公司章程和股东名册中有关股东及其出资额的记载。对公司章程的该项修改不需再由股东会表决。

第七十四条　有下列情形之一的，对股东会该项决议投反对票的股东可以请求公司按照合理的价格收购其股权：（一）公司连续五年不向股东分配利润，而公司该五年连续盈利，并且符合本法规定的分配利润条件的；（二）公司合并、分立、转让主要财产的；（三）公司章程规定的营业期限届满或者章程规定的其他解散事由出现，股东会会议通过决议修改章程使公司存续的。自股东会会议决议通过之日起六十日内，股东与公司不能达成股权收购协议的，股东可以自股东会会议决议通过之日起九十日内向人民法院提起诉讼。

第七十五条　自然人股东死亡后，其合法继承人可以继承股东资格；但是，公司章程另有规定的除外。

第四章　股份有限公司的设立和组织机构

第一节　设立

第七十六条　设立股份有限公司，应当具备下列条件：（一）发起人符合法定人数；（二）有符合公司章程规定的全体发起人认购的股本总额或者募集的实收股本总额；（三）股份发行、筹办事项符合法律规定；（四）发起人制订公司章程，采用募集方式设立的经创立大会通过；（五）有公司名称，建立符合股份有限公司要求的组织机构；（六）有公司住所。

第七十七条　股份有限公司的设立，可以采取发起设立或者募集设立的方式。发起设立，是指由发起人认购公司应发行的全部股份而设立公司。募集设立，是指由发起人认购公司应发行股份的一部分，其余股份向社会公开募集或者向特定对象募集而设立公司。

第七十八条 设立股份有限公司，应当有二人以上二百人以下为发起人，其中须有半数以上的发起人在中国境内有住所。

第七十九条 股份有限公司发起人承担公司筹办事务。发起人应当签订发起人协议，明确各自在公司设立过程中的权利和义务。

第八十条 股份有限公司采取发起设立方式设立的，注册资本为在公司登记机关登记的全体发起人认购的股本总额。在发起人认购的股份缴足前，不得向他人募集股份。股份有限公司采取募集方式设立的，注册资本为在公司登记机关登记的实收股本总额。法律、行政法规以及国务院决定对股份有限公司注册资本实缴、注册资本最低限额另有规定的，从其规定。

第八十一条 股份有限公司章程应当载明下列事项：（一）公司名称和住所；（二）公司经营范围；（三）公司设立方式；（四）公司股份总数、每股金额和注册资本；（五）发起人的姓名或者名称、认购的股份数、出资方式和出资时间；（六）董事会的组成、职权和议事规则；（七）公司法定代表人；（八）监事会的组成、职权和议事规则；（九）公司利润分配办法；（十）公司的解散事由与清算办法；（十一）公司的通知和公告办法；（十二）股东大会会议认为需要规定的其他事项。

第八十二条 发起人的出资方式，适用本法第二十七条的规定。

第八十三条 以发起设立方式设立股份有限公司的，发起人应当书面认足公司章程规定其认购的股份，并按照公司章程规定缴纳出资。以非货币财产出资的，应当依法办理其财产权的转移手续。发起人不依照前款规定缴纳出资的，应当按照发起人协议承担违约责任。发起人认足公司章程规定的出资后，应当选举董事会和监事会，由董事会向公司登记机关报送公司章程以及法律、行政法规规定的其他文件，申请设立登记。

第八十四条　以募集设立方式设立股份有限公司的，发起人认购的股份不得少于公司股份总数的百分之三十五；但是，法律、行政法规另有规定的，从其规定。

第八十五条　发起人向社会公开募集股份，必须公告招股说明书，并制作认股书。认股书应当载明本法第八十六条所列事项，由认股人填写认购股数、金额、住所，并签名、盖章。认股人按照所认购股数缴纳股款。

第八十六条　招股说明书应当附有发起人制订的公司章程，并载明下列事项：（一）发起人认购的股份数；（二）每股的票面金额和发行价格；（三）无记名股票的发行总数；（四）募集资金的用途；（五）认股人的权利、义务；（六）本次募股的起止期限及逾期未募足时认股人可以撤回所认股份的说明。

第八十七条　发起人向社会公开募集股份，应当由依法设立的证券公司承销，签订承销协议。

第八十八条　发起人向社会公开募集股份，应当同银行签订代收股款协议。代收股款的银行应当按照协议代收和保存股款，向缴纳股款的认股人出具收款单据，并负有向有关部门出具收款证明的义务。

第八十九条　发行股份的股款缴足后，必须经依法设立的验资机构验资并出具证明。发起人应当自股款缴足之日起三十日内主持召开公司创立大会。创立大会由发起人、认股人组成。发行的股份超过招股说明书规定的截止期限尚未募足的，或者发行股份的股款缴足后，发起人在三十日内未召开创立大会的，认股人可以按照所缴股款并加算银行同期存款利息，要求发起人返还。

第九十条 发起人应当在创立大会召开十五日前将会议日期通知各认股人或者予以公告。创立大会应有代表股份总数过半数的发起人、认股人出席，方可举行。创立大会行使下列职权：（一）审议发起人关于公司筹办情况的报告；（二）通过公司章程；（三）选举董事会成员；（四）选举监事会成员；（五）对公司的设立费用进行审核；（六）对发起人用于抵作股款的财产的作价进行审核；（七）发生不可抗力或者经营条件发生重大变化直接影响公司设立的，可以作出不设立公司的决议。创立大会对前款所列事项作出决议，必须经出席会议的认股人所持表决权过半数通过。

第九十一条 发起人、认股人缴纳股款或者交付抵作股款的出资后，除未按期募足股份、发起人未按期召开创立大会或者创立大会决议不设立公司的情形外，不得抽回其股本。

第九十二条 董事会应于创立大会结束后三十日内，向公司登记机关报送下列文件，申请设立登记：（一）公司登记申请书；（二）创立大会的会议记录；（三）公司章程；（四）验资证明；（五）法定代表人、董事、监事的任职文件及其身份证明；（六）发起人的法人资格证明或者自然人身份证明；（七）公司住所证明。以募集方式设立股份有限公司公开发行股票的，还应当向公司登记机关报送国务院证券监督管理机构的核准文件。

第九十三条　股份有限公司成立后，发起人未按照公司章程的规定缴足出资的，应当补缴；其他发起人承担连带责任。股份有限公司成立后，发现作为设立公司出资的非货币财产的实际价额显著低于公司章程所定价额的，应当由交付该出资的发起人补足其差额；其他发起人承担连带责任。

第九十四条　股份有限公司的发起人应当承担下列责任：（一）公司不能成立时，对设立行为所产生的债务和费用负连带责任；（二）公司不能成立时，对认股人已缴纳的股款，负返还股款并加算银行同期存款利息的连带责任；（三）在公司设立过程中，由于发起人的过失致使公司利益受到损害的，应当对公司承担赔偿责任。

第九十五条　有限责任公司变更为股份有限公司时，折合的实收股本总额不得高于公司净资产额。有限责任公司变更为股份有限公司，为增加资本公开发行股份时，应当依法办理。

第九十六条　股份有限公司应当将公司章程、股东名册、公司债券存根、股东大会会议记录、董事会会议记录、监事会会议记录、财务会计报告置备于本公司。

第九十七条　股东有权查阅公司章程、股东名册、公司债券存根、股东大会会议记录、董事会会议决议、监事会会议决议、财务会计报告，对公司的经营提出建议或者质询。

第二节　股东大会

第九十八条　股份有限公司股东大会由全体股东组成。股东大会是公司的权力机构，依照本法行使职权。

第九十九条　本法第三十七条第一款关于有限责任公司股东会职权的规定，适用于股份有限公司股东大会。

第一百条　股东大会应当每年召开一次年会。有下列情形之一的，应当在两个月内召开临时股东大会：（一）董事人数不足本法规定人数或者公司章程所定人数的三分之二时；（二）公司未弥补的亏损达实收股本总额三分之一时；（三）单独或者合计持有公司百分之十以上股份的股东请求时；（四）董事会认为必要时；（五）监事会提议召开时；（六）公司章程规定的其他情形。

第一百零一条　股东大会会议由董事会召集，董事长主持；董事长不能履行职务或者不履行职务的，由副董事长主持；副董事长不能履行职务或者不履行职务的，由半数以上董事共同推举一名董事主持。董事会不能履行或者不履行召集股东大会会议职责的，监事会应当及时召集和主持；监事会不召集和主持的，连续九十日以上单独或者合计持有公司百分之十以上股份的股东可以自行召集和主持。

第一百零二条　召开股东大会会议，应当将会议召开的时间、地点和审议的事项于会议召开二十日前通知各股东；临时股东大会应当于会议召开十五日前通知各股东；发行无记名股票的，应当于会议召开三十日前公告会议召开的时间、地点和审议事项。单独或者合计持有公司百分之三以上股份的股东，可以在股东大会召开十日前提出临时提案并书面提交董事会；董事会应当在收到提案后二日内通知其他股东，并将该临时提案提交股东大会审议。临时提案的内容应当属于股东大会职权范围，并有明确议题和具体决议事项。股东大会不得对前两款通知中未列明的事项作出决议。无记名股票持有人出席股东大会会议的，应当于会议召开五日前至股东大会闭会时将股票交存于公司。

第一百零三条　股东出席股东大会会议，所持每一股份有一表决权。但是，公司持有的本公司股份没有表决权。股东大会作出决议，必须经出席会议的股东所持表决权过半数通过。但是，股东大会作出修改公司章程、增加或者减少注册资本的决议，以及公司合并、分立、解散或者变更公司形式的决议，必须经出席会议的股东所持表决权的三分之二以上通过。

第一百零四条　本法和公司章程规定公司转让、受让重大资产或者对外提供担保等事项必须经股东大会作出决议的，董事会应当及时召集股东大会会议，由股东大会就上述事项进行表决。

第一百零五条　股东大会选举董事、监事，可以依照公司章程的规定或者股东大会的决议，实行累积投票制。本法所称累积投票制，是指股东大会选举董事或者监事时，每一股份拥有与应选董事或者监事人数相同的表决权，股东拥有的表决权可以集中使用。

第一百零六条　股东可以委托代理人出席股东大会会议，代理人应当向公司提交股东授权委托书，并在授权范围内行使表决权。

第一百零七条　股东大会应当对所议事项的决定作成会议记录，主持人、出席会议的董事应当在会议记录上签名。会议记录应当与出席股东的签名册及代理出席的委托书一并保存。

第三节　董事会、经理

第一百零八条　股份有限公司设董事会，其成员为五人至十九人。董事会成员中可以有公司职工代表。董事会中的职工代表由公司职工通过职工代表大会、职工大会或者其他形式民主选举产生。本法第四十五条关于有限责任公司董事任期的规定，适用于股份有限公司董事。本法第四十六条关于有限责任公司董事会职权的规定，适用于股份有限公司董事会。

第一百零九条　董事会设董事长一人，可以设副董事长。董事长和副董事长由董事会以全体董事的过半数选举产生。董事长召集和主持董事会会议，检查董事会决议的实施情况。副董事长协助董事长工作，董事长不能履行职务或者不履行职务的，由副董事长履行职务；副董事长不能履行职务或者不履行职务的，由半数以上董事共同推举一名董事履行职务。

第一百一十条　董事会每年度至少召开两次会议，每次会议应当于会议召开十日前通知全体董事和监事。代表十分之一以上表决权的股东、三分之一以上董事或者监事会，可以提议召开董事会临时会议。董事长应当自接到提议后十日内，召集和主持董事会会议。董事会召开临时会议，可以另定召集董事会的通知方式和通知时限。

第一百一十一条　董事会会议应有过半数的董事出席方可举行。董事会作出决议，必须经全体董事的过半数通过。董事会决议的表决，实行一人一票。

第一百一十二条　董事会会议，应由董事本人出席；董事因故不能出席，可以书面委托其他董事代为出席，委托书中应载明授权范围。董事会应当对会议所议事项的决定作成会议记录，出席会议的董事应当在会议记录上签名。董事应当对董事会的决议承担责任。董事会的决议违反法律、行政法规或者公司章程、股东大会决议，致使公司遭受严重损失的，参与决议的董事对公司负赔偿责任。但经证明在表决时曾表明异议并记载于会议记录的，该董事可以免除责任。

第一百一十三条　股份有限公司设经理，由董事会决定聘任或者解聘。本法第四十九条关于有限责任公司经理职权的规定，适用于股份有限公司经理。

第一百一十四条　公司董事会可以决定由董事会成员兼任经理。

第一百一十五条　公司不得直接或者通过子公司向董事、监事、高级管理人员提供借款。

第一百一十六条　公司应当定期向股东披露董事、监事、高级管理人员从公司获得报酬的情况。

第四节　监事会

第一百一十七条　股份有限公司设监事会，其成员不得少于三人。监事会应当包括股东代表和适当比例的公司职工代表，其中职工代表的比例不得低于三分之一，具体比例由公司章程规定。监事会中的职工代表由公司职工通过职工代表大会、职工大会或者其他形式民主选举产生。监事会设主席一人，可以设副主席。监事会主席和副主席由全体监事过半数选举产生。监事会主席召集和主持监事会会议；监事会主席不能履行职务或者不履行职务的，由监事会副主席召集和主持监事会会议；监事会副主席不能履行职务或者不履行职务的，由半数以上监事共同推举一名监事召集和主持监事会会议。董事、高级管理人员不得兼任监事。本法第五十二条关于有限责任公司监事任期的规定，适用于股份有限公司监事。

第一百一十八条　本法第五十三条、第五十四条关于有限责任公司监事会职权的规定，适用于股份有限公司监事会。监事会行使职权所必需的费用，由公司承担。

第一百一十九条　监事会每六个月至少召开一次会议。监事可以提议召开临时监事会会议。监事会的议事方式和表决程序，除本法有规定的外，由公司章程规定。监事会决议应当经半数以上监事通过。监事会应当对所议事项的决定作成会议记录，出席会议的监事应当在会议记录上签名。

第五节　上市公司组织机构的特别规定

第一百二十条　本法所称上市公司，是指其股票在证券交易所上市交易的股份有限公司。

第一百二十一条　上市公司在一年内购买、出售重大资产或者担保金额超过公司资产总额百分之三十的，应当由股东大会作出决议，并经出席会议的股东所持表决权的三分之二以上通过。

第一百二十二条　上市公司设独立董事，具体办法由国务院规定。

第一百二十三条　上市公司设董事会秘书，负责公司股东大会和董事会会议的筹备、文件保管以及公司股东资料的管理，办理信息披露事务等事宜。

第一百二十四条　上市公司董事与董事会会议决议事项所涉及的企业有关联关系的，不得对该项决议行使表决权，也不得代理其他董事行使表决权。该董事会会议由过半数的无关联关系董事出席即可举行，董事会会议所作决议须经无关联关系董事过半数通过。出席董事会的无关联关系董事人数不足三人的，应将该事项提交上市公司股东大会审议。

第五章　股份有限公司的股份发行和转让

第一节　股份发行

第一百二十五条　股份有限公司的资本划分为股份，每一股的金额相等。公司的股份采取股票的形式。股票是公司签发的证明股东所持股份的凭证。

第一百二十六条　股份的发行，实行公平、公正的原则，同种类的每一股份应当具有同等权利。同次发行的同种类股票，每股的发行条件和价格应当相同；任何单位或者个人所认购的股份，每股应当支付相同价额。

第一百二十七条　股票发行价格可以按票面金额，也可以超过票面金额，但不得低于票面金额。

第一百二十八条　股票采用纸面形式或者国务院证券监督管理机构规定的其他形式。股票应当载明下列主要事项:（一）公司名称；（二）公司成立日期；（三）股票种类、票面金额及代表的股份数；（四）股票的编号。股票由法定代表人签名，公司盖章。发起人的股票，应当标明发起人股票字样。

第一百二十九条　公司发行的股票，可以为记名股票，也可以为无记名股票。公司向发起人、法人发行的股票，应当为记名股票，并应当记载该发起人、法人的名称或者姓名，不得另立户名或者以代表人姓名记名。

第一百三十条　公司发行记名股票的，应当置备股东名册，记载下列事项:（一）股东的姓名或者名称及住所；（二）各股东所持股份数；（三）各股东所持股票的编号；（四）各股东取得股份的日期。发行无记名股票的，公司应当记载其股票数量、编号及发行日期。

第一百三十一条　国务院可以对公司发行本法规定以外的其他种类的股份，另行作出规定。

第一百三十二条　股份有限公司成立后，即向股东正式交付股票。公司成立前不得向股东交付股票。

第一百三十三条　公司发行新股，股东大会应当对下列事项作出决议：（一）新股种类及数额；（二）新股发行价格；（三）新股发行的起止日期；（四）向原有股东发行新股的种类及数额。

第一百三十四条　公司经国务院证券监督管理机构核准公开发行新股时，必须公告新股招股说明书和财务会计报告，并制作认股书。本法第八十七条、第八十八条的规定适用于公司公开发行新股。

第一百三十五条　公司发行新股，可以根据公司经营情况和财务状况，确定其作价方案。

第一百三十六条　公司发行新股募足股款后，必须向公司登记机关办理变更登记，并公告。

第二节　股份转让

第一百三十七条　股东持有的股份可以依法转让。

第一百三十八条　股东转让其股份，应当在依法设立的证券交易场所进行或者按照国务院规定的其他方式进行。

第一百三十九条　记名股票，由股东以背书方式或者法律、行政法规规定的其他方式转让；转让后由公司将受让人的姓名或者名称及住所记载于股东名册。股东大会召开前二十日内或者公司决定分配股利的基准日前五日内，不得进行前款规定的股东名册的变更登记。但是，法律对上市公司股东名册变更登记另有规定的，从其规定。

第一百四十条　无记名股票的转让，由股东将该股票交付给受让人后即发生转让的效力。

第一百四十一条　发起人持有的本公司股份，自公司成立之日起一年内不得转让。公司公开发行股份前已发行的股份，自公司股票在证券交易所上市交易之日起一年内不得转让。公司董事、监事、高级管理人员应当向公司申报所持有的本公司的股份及其变动情况，在任职期间每年转让的股份不得超过其所持有本公司股份总数的百分之二十五；所持本公司股份自公司股票上市交易之日起一年内不得转让。上述人员离职后半年内，不得转让其所持有的本公司股份。公司章程可以对公司董事、监事、高级管理人员转让其所持有的本公司股份作出其他限制性规定。

第一百四十二条　公司不得收购本公司股份。但是，有下列情形之一的除外：（一）减少公司注册资本；（二）与持有本公司股份的其他公司合并；（三）将股份奖励给本公司职工；（四）股东因对股东大会作出的公司合并、分立决议持异议，要求公司收购其股份的。公司因前款第（一）项至第（三）项的原因收购本公司股份的，应当经股东大会决议。公司依照前款规定收购本公司股份后，属于第（一）项情形的，应当自收购之日起十日内注销；属于第（二）项、第（四）项情形的，应当在六个月内转让或者注销。公司依照第一款第（三）项规定收购的本公司股份，不得超过本公司已发行股份总额的百分之五；用于收购的资金应当从公司的税后利润中支出；所收购的股份应当在一年内转让给职工。公司不得接受本公司的股票作为质押权的标的。

第一百四十三条　记名股票被盗、遗失或者灭失，股东可以依照《中华人民共和国民事诉讼法》规定的公示催告程序，请求人民法院宣告该股票失效。人民法院宣告该股票失效后，股东可以向公司申请补发股票。

第一百四十四条　上市公司的股票，依照有关法律、行政法规及证券交易所交易规则上市交易。

第一百四十五条　上市公司必须依照法律、行政法规的规定，公开其财务状况、经营情况及重大诉讼，在每会计年度内半年公布一次财务会计报告。

第六章　公司董事、监事、高级管理人员的资格和义务

第一百四十六条　有下列情形之一的，不得担任公司的董事、监事、高级管理人员：（一）无民事行为能力或者限制民事行为能力；（二）因贪污、贿赂、侵占财产、挪用财产或者破坏社会主义市场经济秩序，被判处刑罚，执行期满未逾五年，或者因犯罪被剥夺政治权利，执行期满未逾五年；（三）担任破产清算的公司、企业的董事或者厂长、经理，对该公司、企业的破产负有个人责任的，自该公司、企业破产清算完结之日起未逾三年；（四）担任因违法被吊销营业执照、责令关闭的公司、企业的法定代表人，并负有个人责任的，自该公司、企业被吊销营业执照之日起未逾三年；（五）个人所负数额较大的债务到期未清偿。公司违反前款规定选举、委派

董事、监事或者聘任高级管理人员的，该选举、委派或者聘任无效。董事、监事、高级管理人员在任职期间出现本条第一款所列情形的，公司应当解除其职务。

第一百四十七条　董事、监事、高级管理人员应当遵守法律、行政法规和公司章程，对公司负有忠实义务和勤勉义务。董事、监事、高级管理人员不得利用职权收受贿赂或者其他非法收入，不得侵占公司的财产。

第一百四十八条　董事、高级管理人员不得有下列行为：（一）挪用公司资金；（二）将公司资金以其个人名义或者以其他个人名义开立账户存储；（三）违反公司章程的规定，未经股东会、股东大会或者董事会同意，将公司资金借贷给他人或者以公司财产为他人提供担保；（四）违反公司章程的规定或者未经股东会、股东大会同意，与本公司订立合同或者进行交易；（五）未经股东会或者股东大会同意，利用职务便利为自己或者他人谋取属于公司的商业机会，自营或者为他人经营与所任职公司同类的业务；（六）接受他人与公司交易的佣金归为己有；（七）擅自披露公司秘密；（八）违反对公司忠实义务的其他行为。董事、高级管理人员违反前款规定所得的收入应当归公司所有。

第一百四十九条　董事、监事、高级管理人员执行公司职务时违反法律、行政法规或者公司章程的规定，给公司造成损失的，应当承担赔偿责任。

第一百五十条　股东会或者股东大会要求董事、监事、高级管理人员列席会议的，董事、监事、高级管理人员应当列席并接受股东的质询。董事、高级管理人员应当如实向监事会或者不设监事会的有限责任公司的监事提供有关情况和资料，不得妨碍监事会或者监事行使职权。

第一百五十一条 董事、高级管理人员有本法第一百四十九条规定的情形的，有限责任公司的股东、股份有限公司连续一百八十日以上单独或者合计持有公司百分之一以上股份的股东，可以书面请求监事会或者不设监事会的有限责任公司的监事向人民法院提起诉讼；监事有本法第一百四十九条规定的情形的，前述股东可以书面请求董事会或者不设董事会的有限责任公司的执行董事向人民法院提起诉讼。监事会、不设监事会的有限责任公司的监事，或者董事会、执行董事收到前款规定的股东书面请求后拒绝提起诉讼，或者自收到请求之日起三十日内未提起诉讼，或者情况紧急、不立即提起诉讼将会使公司利益受到难以弥补的损害的，前款规定的股东有权为了公司的利益以自己的名义直接向人民法院提起诉讼。他人侵犯公司合法权益，给公司造成损失的，本条第一款规定的股东可以依照前两款的规定向人民法院提起诉讼。

第一百五十二条 董事、高级管理人员违反法律、行政法规或者公司章程的规定，损害股东利益的，股东可以向人民法院提起诉讼。

第七章 公司债券

第一百五十三条 本法所称公司债券，是指公司依照法定程序发行、约定在一定期限还本付息的有价证券。公司发行公司债券应当符合《中华人民共和国证券法》规定的发行条件。

第一百五十四条 发行公司债券的申请经国务院授权的部门核准后，

应当公告公司债券募集办法。公司债券募集办法中应当载明下列主要事项：（一）公司名称；（二）债券募集资金的用途；（三）债券总额和债券的票面金额；（四）债券利率的确定方式；（五）还本付息的期限和方式；（六）债券担保情况；（七）债券的发行价格、发行的起止日期；（八）公司净资产额；（九）已发行的尚未到期的公司债券总额；（十）公司债券的承销机构。

第一百五十五条　公司以实物券方式发行公司债券的，必须在债券上载明公司名称、债券票面金额、利率、偿还期限等事项，并由法定代表人签名，公司盖章。

第一百五十六条　公司债券，可以为记名债券，也可以为无记名债券。

第一百五十七条　公司发行公司债券应当置备公司债券存根簿。发行记名公司债券的，应当在公司债券存根簿上载明下列事项：（一）债券持有人的姓名或者名称及住所；（二）债券持有人取得债券的日期及债券的编号；（三）债券总额，债券的票面金额、利率、还本付息的期限和方式；（四）债券的发行日期。发行无记名公司债券的，应当在公司债券存根簿上载明债券总额、利率、偿还期限和方式、发行日期及债券的编号。

第一百五十八条　记名公司债券的登记结算机构应当建立债券登记、存管、付息、兑付等相关制度。

第一百五十九条　公司债券可以转让，转让价格由转让人与受让人约定。公司债券在证券交易所上市交易的，按照证券交易所的交易规则转让。

第一百六十条　记名公司债券，由债券持有人以背书方式或者法律、行政法规规定的其他方式转让；转让后由公司将受让人的姓名或者名称及住所记载于公司债券存根簿。无记名公司债券的转让，由债券持有人将该债券交付给受让人后即发生转让的效力。

第一百六十一条　上市公司经股东大会决议可以发行可转换为股票的公司债券，并在公司债券募集办法中规定具体的转换办法。上市公司发行可转换为股票的公司债券，应当报国务院证券监督管理机构核准。发行可转换为股票的公司债券，应当在债券上标明可转换公司债券字样，并在公司债券存根簿上载明可转换公司债券的数额。

第一百六十二条　发行可转换为股票的公司债券的，公司应当按照其转换办法向债券持有人换发股票，但债券持有人对转换股票或者不转换股票有选择权。

第八章　公司财务、会计

第一百六十三条　公司应当依照法律、行政法规和国务院财政部门的规定建立本公司的财务、会计制度。

第一百六十四条　公司应当在每一会计年度终了时编制财务会计报告，并依法经会计师事务所审计。财务会计报告应当依照法律、行政法规和国务院财政部门的规定制作。

第一百六十五条　有限责任公司应当依照公司章程规定的期限将财务会计报告送交各股东。股份有限公司的财务会计报告应当在召开股东大会年会的二十日前置备于本公司，供股东查阅；公开发行股票的股份有限公司必须公告其财务会计报告。

第一百六十六条 公司分配当年税后利润时，应当提取利润的百分之十列入公司法定公积金。公司法定公积金累计额为公司注册资本的百分之五十以上的，可以不再提取。公司的法定公积金不足以弥补以前年度亏损的，在依照前款规定提取法定公积金之前，应当先用当年利润弥补亏损。公司从税后利润中提取法定公积金后，经股东会或者股东大会决议，还可以从税后利润中提取任意公积金。公司弥补亏损和提取公积金后所余税后利润，有限责任公司依照本法第三十四条的规定分配；股份有限公司按照股东持有的股份比例分配，但股份有限公司章程规定不按持股比例分配的除外。股东会、股东大会或者董事会违反前款规定，在公司弥补亏损和提取法定公积金之前向股东分配利润的，股东必须将违反规定分配的利润退还公司。公司持有的本公司股份不得分配利润。

第一百六十七条 股份有限公司以超过股票票面金额的发行价格发行股份所得的溢价款以及国务院财政部门规定列入资本公积金的其他收入，应当列为公司资本公积金。

第一百六十八条 公司的公积金用于弥补公司的亏损、扩大公司生产经营或者转为增加公司资本。但是，资本公积金不得用于弥补公司的亏损。法定公积金转为资本时，所留存的该项公积金不得少于转增前公司注册资本的百分之二十五。

第一百六十九条 公司聘用、解聘承办公司审计业务的会计师事务所，依照公司章程的规定，由股东会、股东大会或者董事会决定。公司股东会、股东大会或者董事会就解聘会计师事务所进行表决时，应当允许会计师事务所陈述意见。

第一百七十条　公司应当向聘用的会计师事务所提供真实、完整的会计凭证、会计账簿、财务会计报告及其他会计资料，不得拒绝、隐匿、谎报。

第一百七十一条　公司除法定的会计账簿外，不得另立会计账簿。对公司资产，不得以任何个人名义开立账户存储。

第九章　公司合并、分立、增资、减资

第一百七十二条　公司合并可以采取吸收合并或者新设合并。一个公司吸收其他公司为吸收合并，被吸收的公司解散。两个以上公司合并设立一个新的公司为新设合并，合并各方解散。

第一百七十三条　公司合并，应当由合并各方签订合并协议，并编制资产负债表及财产清单。公司应当自作出合并决议之日起十日内通知债权人，并于三十日内在报纸上公告。债权人自接到通知书之日起三十日内，未接到通知书的自公告之日起四十五日内，可以要求公司清偿债务或者提供相应的担保。

第一百七十四条　公司合并时，合并各方的债权、债务，应当由合并后存续的公司或者新设的公司承继。

第一百七十五条　公司分立，其财产作相应的分割。公司分立，应当编制资产负债表及财产清单。公司应当自作出分立决议之日起十日内通知债权人，并于三十日内在报纸上公告。

第一百七十六条　公司分立前的债务由分立后的公司承担连带责任。但是，公司在分立前与债权人就债务清偿达成的书面协议另有约定的除外。

第一百七十七条　公司需要减少注册资本时，必须编制资产负债表及财产清单。公司应当自作出减少注册资本决议之日起十日内通知债权人，并于三十日内在报纸上公告。债权人自接到通知书之日起三十日内，未接到通知书的自公告之日起四十五日内，有权要求公司清偿债务或者提供相应的担保。

第一百七十八条　有限责任公司增加注册资本时，股东认缴新增资本的出资，依照本法设立有限责任公司缴纳出资的有关规定执行。股份有限公司为增加注册资本发行新股时，股东认购新股，依照本法设立股份有限公司缴纳股款的有关规定执行。

第一百七十九条　公司合并或者分立，登记事项发生变更的，应当依法向公司登记机关办理变更登记；公司解散的，应当依法办理公司注销登记；设立新公司的，应当依法办理公司设立登记。公司增加或者减少注册资本，应当依法向公司登记机关办理变更登记。

第十章　公司解散和清算

第一百八十条　公司因下列原因解散:（一）公司章程规定的营业期限届满或者公司章程规定的其他解散事由出现；（二）股东会或者股东大会决议解散；（三）因公司合并或者分立需要解散；（四）依法被吊销营业执照、责令关闭或者被撤销；（五）人民法院依照本法第一百八十二条的规定予以解散。

第一百八十一条 公司有本法第一百八十条第（一）项情形的，可以通过修改公司章程而存续。依照前款规定修改公司章程，有限责任公司须经持有三分之二以上表决权的股东通过，股份有限公司须经出席股东大会会议的股东所持表决权的三分之二以上通过。

第一百八十二条 公司经营管理发生严重困难，继续存续会使股东利益受到重大损失，通过其他途径不能解决的，持有公司全部股东表决权百分之十以上的股东，可以请求人民法院解散公司。

第一百八十三条 公司因本法第一百八十条第（一）项、第（二）项、第（四）项、第（五）项规定而解散的，应当在解散事由出现之日起十五日内成立清算组，开始清算。有限责任公司的清算组由股东组成，股份有限公司的清算组由董事或者股东大会确定的人员组成。逾期不成立清算组进行清算的，债权人可以申请人民法院指定有关人员组成清算组进行清算。人民法院应当受理该申请，并及时组织清算组进行清算。

第一百八十四条 清算组在清算期间行使下列职权：（一）清理公司财产，分别编制资产负债表和财产清单；（二）通知、公告债权人；（三）处理与清算有关的公司未了结的业务；（四）清缴所欠税款以及清算过程中产生的税款；（五）清理债权、债务；（六）处理公司清偿债务后的剩余财产；（七）代表公司参与民事诉讼活动。

第一百八十五条 清算组应当自成立之日起十日内通知债权人，并于六十日内在报纸上公告。债权人应当自接到通知书之日起三十日内，未接到通知书的自公告之日起四十五日内，向清算组申报其债权。债权人申报债权，应当说明债权的有关事项，并提供证明材料。清算组应当对债权进行登记。在申报债权期间，清算组不得对债权人进行清偿。

第一百八十六条　清算组在清理公司财产、编制资产负债表和财产清单后，应当制定清算方案，并报股东会、股东大会或者人民法院确认。公司财产在分别支付清算费用、职工的工资、社会保险费用和法定补偿金，缴纳所欠税款，清偿公司债务后的剩余财产，有限责任公司按照股东的出资比例分配，股份有限公司按照股东持有的股份比例分配。清算期间，公司存续，但不得开展与清算无关的经营活动。公司财产在未依照前款规定清偿前，不得分配给股东。

第一百八十七条　清算组在清理公司财产、编制资产负债表和财产清单后，发现公司财产不足清偿债务的，应当依法向人民法院申请宣告破产。公司经人民法院裁定宣告破产后，清算组应当将清算事务移交给人民法院。

第一百八十八条　公司清算结束后，清算组应当制作清算报告，报股东会、股东大会或者人民法院确认，并报送公司登记机关，申请注销公司登记，公告公司终止。

第一百八十九条　清算组成员应当忠于职守，依法履行清算义务。清算组成员不得利用职权收受贿赂或者其他非法收入，不得侵占公司财产。清算组成员因故意或者重大过失给公司或者债权人造成损失的，应当承担赔偿责任。

第一百九十条　公司被依法宣告破产的，依照有关企业破产的法律实施破产清算。

第十一章　外国公司的分支机构

第一百九十一条　本法所称外国公司是指依照外国法律在中国境外设立的公司。

第一百九十二条　外国公司在中国境内设立分支机构，必须向中国主管机关提出申请，并提交其公司章程、所属国的公司登记证书等有关文件，经批准后，向公司登记机关依法办理登记，领取营业执照。外国公司分支机构的审批办法由国务院另行规定。

第一百九十三条　外国公司在中国境内设立分支机构，必须在中国境内指定负责该分支机构的代表人或者代理人，并向该分支机构拨付与其所从事的经营活动相适应的资金。对外国公司分支机构的经营资金需要规定最低限额的，由国务院另行规定。

第一百九十四条　外国公司的分支机构应当在其名称中标明该外国公司的国籍及责任形式。外国公司的分支机构应当在本机构中置备该外国公司章程。

第一百九十五条　外国公司在中国境内设立的分支机构不具有中国法人资格。外国公司对其分支机构在中国境内进行经营活动承担民事责任。

第一百九十六条　经批准设立的外国公司分支机构，在中国境内从事业务活动，必须遵守中国的法律，不得损害中国的社会公共利益，其合法权益受中国法律保护。

第一百九十七条　外国公司撤销其在中国境内的分支机构时，必须依法清偿债务，依照本法有关公司清算程序的规定进行清算。未清偿债务之前，不得将其分支机构的财产移至中国境外。

第十二章　法律责任

第一百九十八条　违反本法规定，虚报注册资本、提交虚假材料或者采取其他欺诈手段隐瞒重要事实取得公司登记的，由公司登记机关责令改正，对虚报注册资本的公司，处以虚报注册资本金额百分之五以上百分之十五以下的罚款；对提交虚假材料或者采取其他欺诈手段隐瞒重要事实的公司，处以五万元以上五十万元以下的罚款；情节严重的，撤销公司登记或者吊销营业执照。

第一百九十九条　公司的发起人、股东虚假出资，未交付或者未按期交付作为出资的货币或者非货币财产的，由公司登记机关责令改正，处以虚假出资金额百分之五以上百分之十五以下的罚款。

第二百条　公司的发起人、股东在公司成立后，抽逃其出资的，由公司登记机关责令改正，处以所抽逃出资金额百分之五以上百分之十五以下的罚款。

第二百零一条　公司违反本法规定，在法定的会计账簿以外另立会计账簿的，由县级以上人民政府财政部门责令改正，处以五万元以上五十万元以下的罚款。

第二百零二条　公司在依法向有关主管部门提供的财务会计报告等材料上作虚假记载或者隐瞒重要事实的，由有关主管部门对直接负责的主管人员和其他直接责任人员处以三万元以上三十万元以下的罚款。

第二百零三条　公司不依照本法规定提取法定公积金的，由县级以上人民政府财政部门责令如数补足应当提取的金额，可以对公司处以二十万元以下的罚款。

第二百零四条 公司在合并、分立、减少注册资本或者进行清算时，不依照本法规定通知或者公告债权人的，由公司登记机关责令改正，对公司处以一万元以上十万元以下的罚款。公司在进行清算时，隐匿财产，对资产负债表或者财产清单作虚假记载或者在未清偿债务前分配公司财产的，由公司登记机关责令改正，对公司处以隐匿财产或者未清偿债务前分配公司财产金额百分之五以上百分之十以下的罚款；对直接负责的主管人员和其他直接责任人员处以一万元以上十万元以下的罚款。

第二百零五条 公司在清算期间开展与清算无关的经营活动的，由公司登记机关予以警告，没收违法所得。

第二百零六条 清算组不依照本法规定向公司登记机关报送清算报告，或者报送清算报告隐瞒重要事实或者有重大遗漏的，由公司登记机关责令改正。清算组成员利用职权徇私舞弊、谋取非法收入或者侵占公司财产的，由公司登记机关责令退还公司财产，没收违法所得，并可以处以违法所得一倍以上五倍以下的罚款。

第二百零七条 承担资产评估、验资或者验证的机构提供虚假材料的，由公司登记机关没收违法所得，处以违法所得一倍以上五倍以下的罚款，并可以由有关主管部门依法责令该机构停业、吊销直接责任人员的资格证书，吊销营业执照。承担资产评估、验资或者验证的机构因过失提供有重大遗漏的报告的，由公司登记机关责令改正，情节较重的，处以所得收入一倍以上五倍以下的罚款，并可以由有关主管部门依法责令该机构停业、吊销直接责任人员的资格证书，吊销营业执照。承担资产评估、验资或者验证的机构因其出具的评估结果、验资或者验证证明不实，给公司债权人造成损失的，除能够证明自己没有过错的外，在其评估或者证明不实的金额范围内承担赔偿责任。

第二百零八条　公司登记机关对不符合本法规定条件的登记申请予以登记，或者对符合本法规定条件的登记申请不予登记的，对直接负责的主管人员和其他直接责任人员，依法给予行政处分。

第二百零九条　公司登记机关的上级部门强令公司登记机关对不符合本法规定条件的登记申请予以登记，或者对符合本法规定条件的登记申请不予登记的，或者对违法登记进行包庇的，对直接负责的主管人员和其他直接责任人员依法给予行政处分。

第二百一十条　未依法登记为有限责任公司或者股份有限公司，而冒用有限责任公司或者股份有限公司名义的，或者未依法登记为有限责任公司或者股份有限公司的分公司，而冒用有限责任公司或者股份有限公司的分公司名义的，由公司登记机关责令改正或者予以取缔，可以并处十万元以下的罚款。

第二百一十一条　公司成立后无正当理由超过六个月未开业的，或者开业后自行停业连续六个月以上的，可以由公司登记机关吊销营业执照。公司登记事项发生变更时，未依照本法规定办理有关变更登记的，由公司登记机关责令限期登记；逾期不登记的，处以一万元以上十万元以下的罚款。

第二百一十二条　外国公司违反本法规定，擅自在中国境内设立分支机构的，由公司登记机关责令改正或者关闭，可以并处五万元以上二十万元以下的罚款。

第二百一十三条　利用公司名义从事危害国家安全、社会公共利益的严重违法行为的，吊销营业执照。

第二百一十四条　公司违反本法规定，应当承担民事赔偿责任和缴纳罚款、罚金的，其财产不足以支付时，先承担民事赔偿责任。

第二百一十五条　违反本法规定，构成犯罪的，依法追究刑事责任。

第十三章　附则

第二百一十六条　本法下列用语的含义：（一）高级管理人员，是指公司的经理、副经理、财务负责人，上市公司董事会秘书和公司章程规定的其他人员。（二）控股股东，是指其出资额占有限责任公司资本总额百分之五十以上或者其持有的股份占股份有限公司股本总额百分之五十以上的股东；出资额或者持有股份的比例虽然不足百分之五十，但依其出资额或者持有的股份所享有的表决权已足以对股东会、股东大会的决议产生重大影响的股东。（三）实际控制人，是指虽不是公司的股东，但通过投资关系、协议或者其他安排，能够实际支配公司行为的人。（四）关联关系，是指公司控股股东、实际控制人、董事、监事、高级管理人员与其直接或者间接控制的企业之间的关系，以及可能导致公司利益转移的其他关系。但是，国家控股的企业之间不仅因为同受国家控股而具有关联关系。

第二百一十七条　外商投资的有限责任公司和股份有限公司适用本法；有关外商投资的法律另有规定的，适用其规定。

第二百一十八条　本法自2006年1月1日起施行。

附录三

国务院关于全国中小企业股份转让系统
有关问题的决定

国发〔2013〕49号

各省、自治区、直辖市人民政府，国务院各部委、各直属机构：

为更好地发挥金融对经济结构调整和转型升级的支持作用，进一步拓展民间投资渠道，充分发挥全国中小企业股份转让系统（以下简称全国股份转让系统）的功能，缓解中小微企业融资难，按照党的十八大、十八届三中全会关于多层次资本市场发展的精神和国务院第13次常务会议的有关要求，现就全国股份转让系统有关问题作出如下决定。

一、充分发挥全国股份转让系统服务中小微企业发展的功能

全国股份转让系统是经国务院批准，依据证券法设立的全国性证券交易场所，主要为创新型、创业型、成长型中小微企业发展服务。境内符合条件的股份公司均可通过主办券商申请在全国股份转让系统挂牌，公开转让

股份，进行股权融资、债权融资、资产重组等。申请挂牌的公司应当业务明确、产权清晰、依法规范经营、公司治理健全，可以尚未盈利，但须履行信息披露义务，所披露的信息应当真实、准确、完整。

二、建立不同层次市场间的有机联系

在全国股份转让系统挂牌的公司，达到股票上市条件的，可以直接向证券交易所申请上市交易。在符合《国务院关于清理整顿各类交易场所切实防范金融风险的决定》（国发〔2011〕38号）要求的区域性股权转让市场进行股权非公开转让的公司，符合挂牌条件的，可以申请在全国股份转让系统挂牌公开转让股份。

三、简化行政许可程序

挂牌公司依法纳入非上市公众公司监管，股东人数可以超过200人。股东人数未超过200人的股份公司申请在全国股份转让系统挂牌，证监会豁免核准。挂牌公司向特定对象发行证券，且发行后证券持有人累计不超过200人的，证监会豁免核准。依法需要核准的行政许可事项，证监会应当建立简便、快捷、高效的行政许可方式，简化审核流程，提高审核效率，无需再提交证监会发行审核委员会审核。

四、建立和完善投资者适当性管理制度

建立与投资者风险识别和承受能力相适应的投资者适当性管理制度。中

小微企业具有业绩波动大、风险较高的特点，应当严格自然人投资者的准入条件。积极培育和发展机构投资者队伍，鼓励证券公司、保险公司、证券投资基金、私募股权投资基金、风险投资基金、合格境外机构投资者、企业年金等机构投资者参与市场，逐步将全国股份转让系统建成以机构投资者为主体的证券交易场所。

五、加强事中、事后监管，保障投资者合法权益

证监会应当比照证券法关于市场主体法律责任的相关规定，严格执法，对虚假披露、内幕交易、操纵市场等违法违规行为采取监管措施，实施行政处罚。全国股份转让系统要制定并完善业务规则体系，建立市场监控系统，完善风险管理制度和设施，保障技术系统和信息安全，切实履行自律监管职责。

六、加强协调配合，为挂牌公司健康发展创造良好环境

国务院有关部门应当加强统筹协调，为中小微企业利用全国股份转让系统发展创造良好的制度环境。市场建设中涉及税收政策的，原则上比照上市公司投资者的税收政策处理；涉及外资政策的，原则上比照交易所市场及上市公司相关规定办理；涉及国有股权监管事项的，应当同时遵守国有资产管理的相关规定。各省（区、市）人民政府要加强组织领导和协调，建立健全挂牌公司风险处置机制，切实维护社会稳定。

国务院

2013年12月13日

附录四

非上市公众公司监督管理办法

第一章　总则

第一条　为了规范非上市公众公司股票转让和发行行为，保护投资者合法权益，维护社会公共利益，根据《证券法》、《公司法》及相关法律法规的规定，制定本办法。

第二条　本办法所称非上市公众公司（以下简称公众公司）是指有下列情形之一且其股票未在证券交易所上市交易的股份有限公司：

（一）股票向特定对象发行或者转让导致股东累计超过200人；

（二）股票以公开方式向社会公众公开转让。

第三条　公众公司应当按照法律、行政法规、本办法和公司章程的规定，做到股权明晰，合法规范经营，公司治理机制健全，履行信息披露义务。

第四条　公众公司股票应当在中国证券登记结算公司集中登记存管，公开转让应当在依法设立的证券交易场所进行。

第五条　为公司出具专项文件的证券公司、律师事务所、会计师事务所及其他证券服务机构，应当勤勉尽责、诚实守信，认真履行审慎核查义务，按照依法制定的业务规则、行业执业规范和职业道德准则发表专业意见，保证所出具文件的真实性、准确性和完整性，并接受中国证券监督管理委员会（以下简称中国证监会）的监管。

第二章　公司治理

第六条　公众公司应当依法制定公司章程。

中国证监会依法对公众公司章程必备条款作出具体规定，规范公司章程的制定和修改。

第七条　公众公司应当建立兼顾公司特点和公司治理机制基本要求的股东大会、董事会、监事会制度，明晰职责和议事规则。

第八条　公众公司的治理结构应当确保所有股东，特别是中小股东充分行使法律、行政法规和公司章程规定的合法权利。

股东对法律、行政法规和公司章程规定的公司重大事项，享有知情权和参与权。

公众公司应当建立健全投资者关系管理，保护投资者的合法权益。

第九条　公众公司股东大会、董事会、监事会的召集、提案审议、通知时间、召开程序、授权委托、表决和决议等应当符合法律、行政法规和公司章程的规定；会议记录应当完整并安全保存。

股东大会的提案审议应当符合程序，保障股东的知情权、参与权、质询权和表决权；董事会应当在职权范围和股东大会授权范围内对审议事项作出决议，不得代替股东大会对超出董事会职权范围和授权范围的事项进行决议。

第十条 公众公司董事会应当对公司的治理机制是否给所有的股东提供合适的保护和平等权利等情况进行充分讨论、评估。

第十一条 公众公司应当强化内部管理，按照相关规定建立会计核算体系、财务管理和风险控制等制度，确保公司财务报告真实可靠及行为合法合规。

第十二条 公众公司进行关联交易应当遵循平等、自愿、等价、有偿的原则，保证交易公平、公允，维护公司的合法权益，根据法律、行政法规、中国证监会的规定和公司章程，履行相应的审议程序。

第十三条 公众公司应当采取有效措施防止股东及其关联方以各种形式占用或者转移公司的资金、资产及其他资源。

第十四条 公众公司实施并购重组行为，应当按照法律、行政法规、中国证监会的规定和公司章程，履行相应的决策程序并聘请证券公司和相关证券服务机构出具专业意见。

任何单位和个人不得利用并购重组损害公众公司及其股东的合法权益。

第十五条 进行公众公司收购，收购人或者其实际控制人应当具有健全的公司治理机制和良好的诚信记录。收购人不得以任何形式从被收购公司获得财务资助，不得利用收购活动损害被收购公司及其股东的合法权益。

在公众公司收购中，收购人持有的被收购公司的股份，在收购完成后12个月内不得转让。

第十六条 公众公司实施重大资产重组，重组的相关资产应当权属清晰、定价公允，重组后的公众公司治理机制健全，不得损害公众公司和股东的合法权益。

第十七条　公众公司应当按照法律的规定，同时结合公司的实际情况在章程中约定建立表决权回避制度。

第十八条　公众公司应当在章程中约定纠纷解决机制。股东有权按照法律、行政法规和公司章程的规定，通过仲裁、民事诉讼或者其他法律手段保护其合法权益。

第三章　信息披露

第十九条　公司及其他信息披露义务人应当按照法律、行政法规和中国证监会的规定，真实、准确、完整、及时地披露信息，不得有虚假记载、误导性陈述或者重大遗漏。公司及其他信息披露义务人应当向所有投资者同时公开披露信息。

公司的董事、监事、高级管理人员应当忠实、勤勉地履行职责，保证公司披露信息的真实、准确、完整、及时。

第二十条　信息披露文件主要包括公开转让说明书、定向转让说明书、定向发行说明书、发行情况报告书、定期报告和临时报告等。具体的内容与格式、编制规则及披露要求，由中国证监会另行制定。

第二十一条　公开转让与定向发行的公众公司应当在每一会计年度的上半年结束之日起2个月内披露记载中国证监会规定内容的半年度报告，在每一会计年度结束之日起4个月内披露记载中国证监会规定内容的年度报告。年度报告中的财务会计报告应当经具有证券期货相关业务资格的会计师事务所审计。

股票向特定对象转让导致股东累计超过200人的公众公司，应当在每一会计年度结束之日起4个月内披露记载中国证监会规定内容的年度报告。年度报告中的财务会计报告应当经会计师事务所审计。

第二十二条　公众公司董事、高级管理人员应当对定期报告签署书面确认意见；对报告内容有异议的，应当单独陈述理由，并与定期报告同时披露。公众公司不得以董事、高级管理人员对定期报告内容有异议为由不按时披露定期报告。

公众公司监事会应当对董事会编制的定期报告进行审核并提出书面审核意见，说明董事会对定期报告的编制和审核程序是否符合法律、行政法规、中国证监会的规定和公司章程，报告的内容是否能够真实、准确、完整地反映公司实际情况。

第二十三条　证券公司、律师事务所、会计师事务所及其他证券服务机构出具的文件和其他有关的重要文件应当作为备查文件，予以披露。

第二十四条　发生可能对股票价格产生较大影响的重大事件，投资者尚未得知时，公众公司应当立即将有关该重大事件的情况报送临时报告，并予以公告，说明事件的起因、目前的状态和可能产生的后果。

第二十五条　公众公司实施并购重组的，相关信息披露义务人应当依法严格履行公告义务，并及时准确地向公众公司通报有关信息，配合公众公司及时、准确、完整地进行披露。

参与并购重组的相关单位和人员，在并购重组的信息依法披露前负有保密义务，禁止利用该信息进行内幕交易。

第二十六条　公众公司应当制定信息披露事务管理制度并指定具有相关专业知识的人员负责信息披露事务。

第二十七条　除监事会公告外，公众公司披露的信息应当以董事会公告的形式发布。董事、监事、高级管理人员非经董事会书面授权，不得对外发布未披露的信息。

第二十八条　公司及其他信息披露义务人依法披露的信息，应当在中国证监会指定的信息披露平台公布。公司及其他信息披露义务人可在公司网站或者其他公众媒体上刊登依本办法必须披露的信息，但披露的内容应当完全一致，且不得早于在中国证监会指定的信息披露平台披露的时间。

股票向特定对象转让导致股东累计超过200人的公众公司可以在公司章程中约定其他信息披露方式；在中国证监会指定的信息披露平台披露相关信息的，应当符合本条第一款的要求。

第二十九条　公司及其他信息披露义务人应当将信息披露公告文稿和相关备查文件置备于公司住所供社会公众查阅。

第三十条　公司应当配合为其提供服务的证券公司及律师事务所、会计师事务所等证券服务机构的工作，按要求提供所需资料，不得要求证券公司、证券服务机构出具与客观事实不符的文件或者阻碍其工作。

第四章　股票转让

第三十一条　股票向特定对象转让导致股东累计超过200人的股份有限

公司，应当自上述行为发生之日起3个月内，按照中国证监会有关规定制作申请文件，申请文件应当包括但不限于：定向转让说明书、律师事务所出具的法律意见书、会计师事务所出具的审计报告。股份有限公司持申请文件向中国证监会申请核准。在提交申请文件前，股份有限公司应当将相关情况通知所有股东。

在3个月内股东人数降至200人以内的，可以不提出申请。

股票向特定对象转让应当以非公开方式协议转让。申请股票向社会公众公开转让的，按照本办法第三十二条、第三十三条的规定办理。

第三十二条　公司申请其股票向社会公众公开转让的，董事会应当依法就股票公开转让的具体方案作出决议，并提请股东大会批准，股东大会决议必须经出席会议的股东所持表决权的2/3以上通过。

董事会和股东大会决议中还应当包括以下内容：

（一）按照中国证监会的相关规定修改公司章程；

（二）按照法律、行政法规和公司章程的规定建立健全公司治理机制；

（三）履行信息披露义务，按照相关规定披露公开转让说明书、年度报告、半年度报告及其他信息披露内容。

第三十三条　申请其股票向社会公众公开转让的公司，应当按照中国证监会有关规定制作公开转让的申请文件，申请文件应当包括但不限于：公开转让说明书、律师事务所出具的法律意见书、具有证券期货相关业务资格的会计师事务所出具的审计报告、证券公司出具的推荐文件、证券交易场所的审查意见。公司持申请文件向中国证监会申请核准。

公开转让说明书应当在公开转让前披露。

第三十四条　中国证监会受理申请文件后，依法对公司治理和信息披露进行审核，作出是否核准的决定，并出具相关文件。

第三十五条　公司及其董事、监事、高级管理人员，应当对公开转让说明书、定向转让说明书签署书面确认意见，保证所披露的信息真实、准确、完整。

第五章　定向发行

第三十六条　本办法所称定向发行包括向特定对象发行股票导致股东累计超过200人，以及股东人数超过200人的公众公司向特定对象发行股票两种情形。

前款所称特定对象的范围包括下列机构或者自然人：

（一）公司股东；

（二）公司的董事、监事、高级管理人员、核心员工；

（三）符合投资者适当性管理规定的自然人投资者、法人投资者及其他经济组织。

公司确定发行对象时，符合本条第二款第（二）项、第（三）项规定的投资者合计不得超过35名。

核心员工的认定，应当由公司董事会提名，并向全体员工公示和征求意见，由监事会发表明确意见后，经股东大会审议批准。

投资者适当性管理规定由中国证监会另行制定。

第三十七条 公司应当对发行对象的身份进行确认，有充分理由确信发行对象符合本办法和公司的相关规定。

公司应当与发行对象签订包含风险揭示条款的认购协议。

第三十八条 公司董事会应当依法就本次股票发行的具体方案作出决议，并提请股东大会批准，股东大会决议必须经出席会议的股东所持表决权的2/3以上通过。

申请向特定对象发行股票导致股东累计超过200人的股份有限公司，董事会和股东大会决议中还应当包括以下内容：

（一）按照中国证监会的相关规定修改公司章程；

（二）按照法律、行政法规和公司章程的规定建立健全公司治理机制；

（三）履行信息披露义务，按照相关规定披露定向发行说明书、发行情况报告书、年度报告、半年度报告及其他信息披露内容。

第三十九条 公司应当按照中国证监会有关规定制作定向发行的申请文件，申请文件应当包括但不限于：定向发行说明书、律师事务所出具的法律意见书、具有证券期货相关业务资格的会计师事务所出具的审计报告、证券公司出具的推荐文件。公司持申请文件向中国证监会申请核准。

第四十条 中国证监会受理申请文件后，依法对公司治理和信息披露以及发行对象情况进行审核，作出是否核准的决定，并出具相关文件。

第四十一条 公司申请定向发行股票，可申请一次核准，分期发行。自中国证监会予以核准之日起，公司应当在3个月内首期发行，剩余数量应当在12个月内发行完毕。超过核准文件限定的有效期未发行的，须重新经中国证监会核准后方可发行。首期发行数量应当不少于总发行数量的50%，剩余各期发行的数量由公司自行确定，每期发行后5个工作日内将发行情况报中国证监会备案。

第四十二条　公众公司向特定对象发行股票后股东累计不超过200人的，或者公众公司在12个月内发行股票累计融资额低于公司净资产的20%的，豁免向中国证监会申请核准，但发行对象应当符合本办法第三十六条的规定，并在每次发行后5个工作日内将发行情况报中国证监会备案。

第四十三条　股票发行结束后，公众公司应当按照中国证监会的有关要求编制并披露发行情况报告书。申请分期发行的公众公司应在每期发行后按照中国证监会的有关要求进行披露，并在全部发行结束或者超过核准文件有效期后按照中国证监会的有关要求编制并披露发行情况报告书。

豁免向中国证监会申请核准定向发行的公众公司，应当在发行结束后按照中国证监会的有关要求编制并披露发行情况报告书。

第四十四条　公司及其董事、监事、高级管理人员，应当对定向发行说明书、发行情况报告书签署书面确认意见，保证所披露的信息真实、准确、完整。

第四十五条　公众公司定向发行股份购买资产的，按照本章有关规定办理。

第六章　监督管理

第四十六条　中国证监会会同国务院有关部门、地方人民政府，依照法律法规和国务院有关规定，各司其职，分工协作，对公众公司进行持续监管，防范风险，维护证券市场秩序。

第四十七条　中国证监会依法履行对公司股票转让、定向发行、信息披露的监管职责，有权对公司、证券公司、证券服务机构采取《证券法》第一百八十条规定的措施。

第四十八条　中国证券业协会应当发挥自律管理作用，对从事公司股票转让和定向发行业务的证券公司进行监督，督促其勤勉尽责地履行尽职调查和督导职责。发现证券公司有违反法律、行政法规和中国证监会相关规定的行为，应当向中国证监会报告，并采取自律管理措施。

第四十九条　中国证监会可以要求公司及其他信息披露义务人或者其董事、监事、高级管理人员对有关信息披露问题作出解释、说明或者提供相关资料，并要求公司提供证券公司或者证券服务机构的专业意见。

中国证监会对证券公司和证券服务机构出具文件的真实性、准确性、完整性有疑义的，可以要求相关机构作出解释、补充，并调阅其工作底稿。

第五十条　证券公司在从事股票转让、定向发行等业务活动中，应当按照中国证监会的有关规定勤勉尽责地进行尽职调查，规范履行内核程序，认真编制相关文件，并持续督导所推荐公司及时履行信息披露义务、完善公司治理。

第五十一条　证券服务机构为公司的股票转让、定向发行等活动出具审计报告、资产评估报告或者法律意见书等文件的，应当严格履行法定职责，遵循勤勉尽责和诚实信用原则，对公司的主体资格、股本情况、规范运作、财务状况、公司治理、信息披露等内容的真实性、准确性、完整性进行充分的核查和验证，并保证其出具的文件不存在虚假记载、误导性陈述或者重大遗漏。

第五十二条　中国证监会依法对公司进行监督检查或者调查，公司有义务提供相关文件资料。对于发现问题的公司，中国证监会可以采取责令改正、监管谈话、责令公开说明、出具警示函等监管措施，并记入诚信档案；涉嫌违法、犯罪的，应当立案调查或者移送司法机关。

第七章　法律责任

第五十三条　公司以欺骗手段骗取核准的，公司报送的报告有虚假记载、误导性陈述或者重大遗漏的，除依照《证券法》有关规定进行处罚外，中国证监会可以采取终止审查并自确认之日起在36个月内不受理公司的股票转让和定向发行申请的监管措施。

第五十四条　公司未按照本办法第三十一条、第三十三条、第三十九条规定，擅自转让或者发行股票的，按照《证券法》第一百八十八条的规定进行处罚。

第五十五条　证券公司、证券服务机构出具的文件有虚假记载、误导性陈述或者重大遗漏的，除依照《证券法》及相关法律法规的规定处罚外，中国证监会可视情节轻重，自确认之日起采取3个月至12个月内不接受该机构出具的相关专项文件，36个月内不接受相关签字人员出具的专项文件的监管措施。

第五十六条　公司及其他信息披露义务人未按照规定披露信息，或者所披露的信息有虚假记载、误导性陈述或者重大遗漏的，依照《证券法》第一百九十三条的规定进行处罚。

第五十七条 公司向不符合本办法规定条件的投资者发行股票的，中国证监会可以责令改正，并可以自确认之日起在36个月内不受理其申请。

第五十八条 信息披露义务人及其董事、监事、高级管理人员，公司控股股东、实际控制人，为信息披露义务人出具专项文件的证券公司、证券服务机构及其工作人员，违反《证券法》、行政法规和中国证监会相关规定的，中国证监会可以采取责令改正、监管谈话、出具警示函、认定为不适当人选等监管措施，并记入诚信档案；情节严重的，中国证监会可以对有关责任人员采取证券市场禁入的措施。

第五十九条 公众公司内幕信息知情人或非法获取内幕信息的人，在对公众公司股票价格有重大影响的信息公开前，泄露该信息、买卖或者建议他人买卖该股票的，依照《证券法》第二百零二条的规定进行处罚。

第八章 附则

第六十条 公众公司向不特定对象公开发行股票的，应当遵守《证券法》和中国证监会的相关规定。

公众公司申请在证券交易所上市的，应当遵守中国证监会和证券交易所的相关规定。

第六十一条 本办法施行前股东人数超过200人的股份有限公司，依照有关法律法规进行规范，并经中国证监会确认后，可以按照本办法的相关规定申请核准。

第六十二条　本办法所称股份有限公司是指首次申请股票转让或定向发行的股份有限公司；所称公司包括非上市公众公司和首次申请股票转让或定向发行的股份有限公司。

第六十三条　本办法自2013年1月1日起施行。

后 记

新三板，我们一起并肩前行

当有写书的想法时我曾扪心自问，为什么要写书？如何写才能给中小企业创造最大的价值？带着诸多问题我陷入了沉思，探究了许久终于有了答案，写书的最大目的就是要说真话，要说实话！

无论从哪个角度讲，至少我在用良心写书，写一些真正有价值的内容，这样才能为想登陆新三板的中小企业提供最大的帮助。虽然自己诚惶诚恐，但也始终认为，凭借多年经验的积累以及对新三板市场的不断探索，相信一定会给读者带来一些启发和思考的空间。

转眼间，自己进入新三板市场已有10个年头，回想起当初的梦想，有多少已经完成？又有多少遥遥无期？庆幸的是，我个人选择了新三板，一个充满梦想和无限挑战的资本游戏。

新三板的加速扩容，让我这个"老兵"倍感兴奋，但同时又有些心慌无措。因为整个新三板市场日新月异，资本新玩法大量涌现，看得我眼花缭乱，虽然每天自己都在努力学习拼命奔跑，可还是跟不上新三板的发展脚步，太快了，真是太快了。

新三板，请你慢点走。

但猛然发现，自己如何努力也走不到时代的前沿了。作为中国资本市场的新生力量，新三板市场应该属于更年轻的一代人。但在新三板领域摸爬滚打的这些年里，个人认为自己还是对整个新三板市场做出了些许贡献。拿最近一年来说，我一个人就在全国上百个城市为各级政府和中小企业家们讲了近100堂大课，内容涉及新三板政策解读、行业分析以及发展趋势，其中部分侥幸言中。

另外，我们北京科创企业投融资联盟、三板汇（北京）投资顾问有限公司作为主办方每年都会举办新三板华山论剑投融资千人峰会、中国新三板文化节，旨在整合新三板各方资源，响应"中国梦"的时代号召，搭建中国科创企业投融资产业平台，共筑"十三五规划"美好愿景。

作为北京科创企业投融资联盟的秘书长、三板汇（北京）投资顾问有限公司的董事长，自己兴奋的同时，也深知肩上的担子着实不轻。

如果用"新三板的鼓呼者和传道者"来形容自己，那么李浩还是合格的。所以即便自己真的老了，新三板的发展势头再凶猛，我仍然对自己充满信心。

我会继续给全国各地的中小企业做新三板培训，举办新三板主题峰会，加快推出与各地政府合作的新三板产业基金，总之，我要努力跟上新三板的发展步伐，走快点，何尝不是一种积极的人生态度！

记得前些日子在清华大学为中小企业家们做培训时，偶然看到了清华大学的校训，并深有感触。"天行健，君子以自强不息。地势坤，君子以厚德载物。"君子处事应该像天一样，接物度量应该像大地一样。和年轻人们掰一掰手腕，看谁能够玩转新三板？

新三板，我们一起并肩前行！